Oscar Oramas Oliva

Polo Montañez: El Artista Natural

Oscar Oramas Oliva

Polo Montañez: El Artista Natural

El Artista Natural

JustFiction Edition

Imprint

Cover image: www.ingimage.com

Publisher:
JustFiction! Edition
is a trademark of
Dodo Books Indian Ocean Ltd. and OmniScriptum S.R.L publishing group

120 High Road, East Finchley, London, N2 9ED, United Kingdom
Str. Armeneasca 28/1, office 1, Chisinau MD-2012, Republic of Moldova, Europe
Printed at: see last page
ISBN: 978-620-0-11001-5

POLO MONTAÑEZ: EL ARTISTA NATURAL

OSCAR ORAMAS OLIVA

A los creadores y cultores de la música cubana quienes también han hecho Patria, con su arte. A Osmany Cienfuegos Gorriarán, insigne constructor de la comunidad ´´Las Terrazas´´

Mis agradecimientos más cálidos a Enrique de la Garza, quien por una de esas cosas misteriosas de la vida, apareció un día en Cuba, con su esposa, despues de años sin vernos y me facilito muchas informaciones sobre Polo Montañez, no solo sobre su México lindo y querido, sino también sobre la estancia del artista en Colombia y hasta sobre Cuba. También debo expresar mis sentimientos para con las inspiradoras de este esfuerzo, Maria Elena Silva y Matilde Pórtela Femeninas y muy particularmente a la querida Caridad Martínez Mitjans, por su esmerada ayuda. A René Gonzalez Ramos, quien me brindo datos muy interesantes sobre el lugar de nacimiento del artista. Luis Borrego, hermano del artista y velador del Museo de las Terrazas, merece un reconocimiento especial por el apoyo que me brindara en mis pesquisas en dicho lugar. Por último, los aportes de Emir Garcia fueron de suma importancia debido a sus vastos conocimientos de música.

Índice

TOCAN A DUELO VIOLINES

Para Polo Montañez

Un guajiro que nació
en medio del veguerío
escuchó la voz del río
y a las aves les cantó.

A la luna enamoró
la rima de sus tonadas
en esa tierra primada
donde el guajiro creció.

A la orilla del palmar
muy cerca del arroyuelo
con su preclaro cantar
imitaba a los jilgueros.

A los dioses asombró
su decir dulce, profundo,
entregó su voz al mundo
y a las ninfas deslumbró.

Su forma de improvisar
en lo más claro del monte
confundía su cantar
con el trinar del sinsonte.

Nadie podía dudar
lo bello de sus cuartetas,
dicen que nació poeta
el guajiro natural.

Hasta los cielos llegó
con sus tonadas más bellas
y como lo prometió

nos bajó un montón de estrellas.

La guitarra enmudeció
cuando se murió el sonero,
el día se oscureció,
se apagaron los luceros.

Se detiene el arroyuelo,
tocan a duelo violines
y lo escoltan hasta el cielo
Torcazas y Serafines.

Caridad Martínez Mitjans[1]
La Habana-las Terrazas, 26 de Noviembre de 2009

---

[1] MI HUMILDE HOMENAJE A POLO MONTAÑEZ, EL GUAJIRO NATURAL, COMO PINAREÑA QUE SOY, SU MUERTE ME LLEGÓ A LO MÁS PROFUNDO POR CONSIDERARLA PREMATURA Y POR LO INESPERADA, CREO QUE PINAR DEL RÍO PERDIÓ A UNO DE SUS HIJOS MÁS QUERIDOS.

Introducción

La vida tiene sus sorpresas o cosas que en ocasiones, no tienen una explicación plausible. Estando en un restaurante italiano en la capital cubana, llamado Di Selmo, me encuentro con una amiga María Elena Silva[2] de épocas pretéritas e iniciamos una conversación, no sobre el pasado, sino sobre el futuro. De pronto una persona se sienta cerca de nosotros y nos observa con suma atención y descubrimos que era Matilde Pórtela Femeninas, quien había trabajado conmigo en el Ministerio de Relaciones Exteriores. Cuando dos o tres personas coinciden así, después de años de no verse, casi siempre se habla de aquellos tiempos y se tiende a glorificarlos; pero este no fue el caso. Lo cierto es que me incitó a darle lo que he escrito e inmediatamente surge el tema de Polo Montañez, el llamado "guajiro natural" y su bien ganada fama en

[2] Eficiente traductora de francés de la Esti y después esposa del Ministro de Relaciones Exteriores, Isidoro Malmierca y con quien me encontraba planificando el homenaje por el 80 aniversario del Ministro.

Colombia, pues ella pasa varios meses del año, en dicho país.

Viene a mi mente que los colombianos además de bailar muy bien, son admiradores de la música cubana, desde que la radio[3] comenzó a llevarles los aires que se producían en las Isla. De entonces acá se baila más y mejor, y además circula más profusamente la música cubana en valles, montañas y ciudades colombianas. Viene a mi mente los días pasados en Bogotá y mis andares por esa bella ciudad, con sus carreras y transversales.

Volvamos a este fenómeno musical que es Polo Montañez. Creo que por el 2001, la tía Julia me habló del artista y puso un cassette, para que lo escuchara. Eso ocurrió en mi pueblo natal, San Fernándo de Camarones, es decir, en el terruño de la familia. Siempre el campo y el olor a tierra. Allí disfruté bailando una música pegajosa y maravillosa. En ese contexto no era Polo Montañez, allí se le decía cariñosamente, Polete. Así somos los cubanos, cuando apreciamos algo. Desde entonces quedé prendado de la obra musical del Guajiro y hoy, me siento muy feliz de escribir unas líneas sobre una figura emblemática de la música cubana, de esa que une a la proveniente del surco y el son. Para hacer esta investigación tuve de llenarme de mucha paciencia y preguntar a muchas personas para poder conocer y corroborar datos o momentos de la vida de Polo. Convencido como estoy del sentido de la historia, es preciso conservar la obra de un hombre que escribió páginas hermosas de nuestro quehacer musical. Mis manos debían tomar un bolígrafo, para hacer trazos sobre una resma de papel, ante de que sean polvo y olvido y así contribuir, a tiempo, a perpetuar la memoria de un guajiro excepcional, el ser de genuina voz, que exhala cubanía, que al singularizarse nos identifica. No pueden haber vacíos y silencios en torno a la vida de quien nos honra.

[3] Ese eficaz instrumento entra en Cuba en 1922, según la obra « La Radio en Cuba » de Oscar Luis López

Manuel Saumell e Ignacio Cervantes fueron los primeros que nos enseñaron a pensar en nuestra música, después ésta se fue nutriendo con los nuevos aportes y surgen el llamado tumbao[4] y el cinquillo[5] y la resultante, es algo sensual, pegajoso y dulce, como el clima que abraza a nuestra Cuba. Ese es un grandioso legado de los que nos forjaron, de nuestros ancestros y hay que conservarlo. Es muy importante el conocimiento de la música en nuestra cultura, ya que, en nuestro caso, es la más socializada de nuestras expresiones culturales.

Polo Montañez, con su genio vivísimo, es todo un símbolo de cubanía, con su indiscutible sello popular. Es indispensable velar por el cuidado de nuestros valores, porque ellos son parte indisoluble de nuestro ser nacional. Hay que aventar el polvo para prevalezcan nuestros reales valores. Él reafirma nuestra cubanidad y deviene mito en la música y en la cultura popular criolla. Hombre de tierra adentro, siempre estuvo conectado con la tierra. Las culturas autóctonas y los saberes tradicionales tienen mucho que enseñarnos, si entendemos que cultura: "es el conjunto de rasgos distintivos espirituales y materiales, intelectuales y afectivos caracterizadores de una sociedad o grupo social, y abarca además de las artes y las letras, los modos de vida, la convivencia, los valores, tradiciones y creencias".

Entiendo que es un deber el contribuir a preservar, el conocimiento de nuestros valores y quiero con este ejercicio hacerlo, y dejarle a las nuevas generaciones una semblanza del guajiro natural. La intención es la de escribir una historia monda y lironda; pero sin afeites, como dirían los castellanos. La vida, su vida en particular, es un libro para escribir. No es nada fácil escribir sobre un ser tan complejo como Polo Montañez, una persona que llenó de páginas hermosas la historia de su vida y se corre el riesgo de relegar elementos o momentos del quehacer del

[4] Golpe dado sobre la tumbadora o conga de tal forma que su sonido forma la palabra tumbao. Se conoce también con este nombre a la marcación o golpe característico del son.
[5] Grupo de notas sincopadas que forman un ritmo regular.

hombre, del artista, lo que no es justo, pues él nos supo dejar una huella perdurable sobre el imaginario colectivo.

Polo Montañez es un genuino producto popular, pues no tuvo otra academia que la vida y, ¿quieren algo más rico que eso, para nutrir el espíritu del ser humano? No es que niegue a la academia y a los libros, pues eso seria mi propia negación, sino porque la vida es enseñanza continua y si uno tiene y agudiza la capacidad de observación, entonces se aprende mucho y así se escriben pasajes y momentos muy nutricios de la existencia.

Para escribir, hay que pensar, estudiar mucho y ente caso, la bibliografía es escasa; pero vale la pena adentrarse en ese afán. Es este un pequeño homenaje a quien se fuera en la primavera de su existencia; pero cuya obra se mantiene en el espíritu de los cubanos.

Capitulo I: Orígenes del Artista

La música es el corazón de
la vida.
Franz Liszt

La provincia de Pinar del Río es una región que se caracteriza por la existencia de apreciables bellezas paisajísticas y dos cordilleras montañosas: Guaniguanico y Rosario, valles impresionantes, mogotes y una flora y fauna exuberantes. En el siglo XIX, en lo que se conoce como la premontaña, en la cordillera del Rosario, en Cayajabo existían plantaciones de caña de azúcar explotadas por esclavos africanos y además se cultivaba el café, después de la llegada de los emigrantes franceses que venían huyendo de Haití, cuando estalla la revolución en dicho territorio. El régimen de producción era muy brutal y ello dio lugar a alzamientos de esclavos que lucharon por acabar con aquel sistema. La oscuridad de la noche colonial, la razón contra la barbarie colonial. Con los alzamientos y el implacable paso de los años, de aquellas épocas solo quedan ruinas, que cómo monumentos mudos, nos hablan de los sufrimientos de miles de seres humanos. También esa zona fue teatro de operaciones de la guerrilla rebelde contra la tiranía de Batista.

En esa comarca, en un lugar conocido por el nombre del Brujito, nació Fernando Borrego Linares, conocido como Polo Montañez, el nombre artístico que lo convirtió en una verdadera leyenda musical de Cuba, nació el 5 de junio de 1955. Hijo de Julio y Lucrecia.

Su padre se dedicaba a hacer carbón por lo que iba de un lado a otro recorriendo las lomas siempre buscando la forma de estar cerca del monte, su principal materia prima; cambiaba constantemente de casa las cuales construía humildemente con techos de guano, yaguas y pisos de tierra, de esos que las escobas de palmas palmicheras pulen de tanto pasar sobre ellos, aguantados por las manos firmes de la mujer de la casa. Gente habituada a hablar y pensar en términos de presente. El hecho de vivir cambiando, con frecuencia de casa, crea una determinada psicología. La cría de animales de corral, el abrasivo sol, la lluvia y la soledad fueron compañeras en la vida. Creció escuchando a hombre jadeantes labrando la tierra y con el olor de las frutas impregnado en su olfato y se solazaba con el aguacate (Persea gratissima o P. americana) se originó en Puebla, México y su uso más antiguo se remonta a 10.000 años AC, el mamey, el mango, el anón, la chirimoya y la deliciosa papaya. Al pie del cocotero se bebe el agua sabrosa.

No conoció los juguetes y como muchos niños del entorno solo tuvieron que contentarse, inventado esos artefactos con botellas vacías o con las tusas del maíz. Ello era símbolo de las estrecheces pecuniarias del hogar. Apuntan que siempre fue ingenioso, le gustaban las bromas y además era muy machista, lo que era normal en ese medio, ese sentimiento crecía como la verdolaga. Recibió muchos regaños, pues por una promesa de su mamá, le fue dejado el pelo largo encrespado y cuando alguien preguntaba si era hembra o macho, él reaccionaba mostrando su pene. Se recostaba el tronco de los árboles, esos que son grandes amigos del hombre y en esa posición se ponía a contemplar a las estrellas y a soñar, ampliando de esa manera su capacidad imaginativa. Las amarillas mariposas revoloteaban alrededor, con alas empolvadas de oro, y visitaban una por una todas las flores. Desde entonces se deleitaba con la fragancia de las flores. ¿Cuántas veces se escapaba con los amiguitos y se iban al río a jugar con el agua? El río era un juguete mágico. ¿Cuántas cosas pensó sobre los misterios que encerraban los astros? La magia del mundo estaba frente a sus ojos, cuando se abrían los ojos de su conciencia. La armonía de la naturaleza le penetraba por los poros. Así se fue nutriendo un mundo de fantasías. Desde niño andaba cantando o se ponía a escuchar música, con esos antecedentes se fue desarrollando su imaginación y su universo espiritual.

Desde pequeño, con su cabellera descuidada, su afición por la música lo atrapa y toca la tumbadora a la edad de 7 años, luego tocó la guitarra y cantaba junto a su padre en algunas fiestas de familia. Hay que subrayar que esa música campesina esta impregnada de cierta melancolía. Se extasiaba escuchando a los mayores cuando cantaban, por el puro placer de cantar, tonadas campesinas y alguien bailaba. Bebió a grandes sorbos la gran savia de la tradición oral del campesinado criollo. También se solazaba con el graznido de los pajaritos y con el trinar del sinsote. Contemplar las nubes bajas presagiando la tan ansiada agua. No había otros alicientes en ese entonces y los mayores solo se dedicaban a trabajar y muy duro, para garantizar el sustento de la familia, en medio de caminos polvorientos, encharcados de agua, en las ocasiones en que los torrenciales aguaceros tropicales hacían de las suyas y las tierras recibían el agua, como una bendición de los cielos. No debemos olvidar que el campesino atesora la sabiduría de percatarse cuando va a llover. En ese medio se desarrollan los sentidos.

Hay que subrayar que su herencia musical proviene de ambos padres. Ella se forjo en el surco y en el duro trabajo cotidiano. La familia fue el embrión del que brotó el poeta que había en él y marcó el ritmo de su obra.

En la época aquella cuando primaba aquel versito famoso, "Si presto al cobrar, molesto, si doy a la ruina voy y si fío pierdo lo mío, por eso ni fío ni doy ni presto" vivió Polo los ciclones que de cuando en vez azotaban su terruño y los hombres luchaban bravamente por preservar lo poco que tenían, pues después no podían contar con quien los ayudara. ¡Qué diferencia con años posteriores cuando el estado preveía y socorría a los habitantes de las zonas afectadas! Tiempos difíciles para el campesino cubano victima del desamparo.

Desde niño le gustaban mucho los animales y hasta conversaba con ellos, como hace la generalidad de los párvulos nacidos en el campo. Ya en ese tiempo se percibía que era de viva e inquieta inteligencia. Su fuerza radicaba en el cerebro y no en los músculos. Refieren los hijos que hasta se sedaba cuando estaba con los animales y no tenía preferencias particulares, en ese sentido. Solo se molestaba con los mosquitos que volaban en círculo alrededor de su cuerpo. Aviones en picada listos para atacar a sus objetivos. Sus pies descalzos deambularon también por entre las verdes plantas de la aromática hojas de tabaco que, tanta fama le han dado a esa provincia occidental. Cuantas historias se han escrito sobre el tabaco en Cuba, encontrado aquí cuando llegaron los españoles y desde entonces se prendieron a la afición de fumarlo.

Vivió en la Cañada del Infierno, Casa Blanca, Finca del Cusco. Muchas veces se escucha la voz de un guajiro que dice, eso está donde el diablo dio las tres voces y no se oyó; pero otros dicen, eso está al cantío de un gallo. Avanza la alborada revolucionaria de 1959 con los objetivos de: una sociedad más justa y equitativa, libre de de imposiciones foráneas, con un gobierno que respondiera a las aspiraciones populares, una economía que fuera a la vez autónoma, sustentable basada en los planes para transformar la vida en el campo y en el año 1972 ocupa una de las viviendas en la recién construida comunidad Las Terrazas. Polo se subía en un cajón y tocaba la tumbadora que no era más que un tronco de aguacate pulido con cuero de panza de vaca; pronto comenzó a cantar y a tocar guitarra convirtiéndose en el líder del grupo. Esos primeros escenarios no fueron olvidados y hablar sobre ellos le hacia mucho bien. No importaba que tuvieran que caminar kilómetros y kilómetros a través de caminos angostos, con los instrumentos a cuesta sin el menor asomo de cansancio. Además le gustaba participar en cuanta serenata podía, como los trovadores[6] o juglares de la antigüedad... No rebasó la enseñanza primaria y sentarse a beber en las fuentes de un libro, no fue su característica; aunque era una persona de una gran curiosidad. Se integra a las Brigadas Juveniles, un movimiento de superación cultural.

De esa época le viene el amor por la carne de puerco asada o frita, siempre que sea un animal joven y que este bien sazonado, con mucho ajo y comino. Sus comidas predilectas eran: el puerco asado, la carne con salsita por

---

[6] Los trovadores, personajes mayoritariamente de la nobleza, a menudo a medio camino entre el guerrero y el cortesano, con sus canciones amorosas sobre todo, pero también con sus composiciones de propaganda política, sus debates y, en definitiva, con su visión del mundo, nos muestran el inicio de una historia cultural y política con una variedad que no encontramos en ningún otro documento de la época. Un trovador es un poeta cantautor de la Edad Media. Los trovadores normalmente cantaban en occitano, en concreto en la variante lingüística de Toulouse, que era el centro más importante de la cultura trovadoresca que dominaba el arte de la guitarra y mayoritariamente del laúd.

arriba, el potaje de frijoles y la yuca con mojo. El conocía al dedillo cómo descuartizar un cerdo, con afilado cuchillo y detectar las partes más suculentas para engullirlas. Ya se sentía dispuesto, ágil y con el entendimiento claro y hasta de cierta inspiración. No hay dudas que Polo Montañez no podía esconder su cubanía y su ascendencia campesina. Hay que preguntarse las razones de ese reduccionismo experimentado por los cubanos, desde hace unas cinco décadas, en la elaboración de las comidas. Hay varias causas; pero ello soslaya la diversidad de elementos que nos ofrece nuestra naturaleza.

Sin embargo, no era un buen jugador de pelota como la inmensa mayoría de los niños cubanos de esa época. Confiesa haber practicado ese deporte; pero que se dio cuenta que era mal jugador y lo abandonó, porque a él no le gustaba perder a nada. Se detenía al observar a los gallos peleando, ya fuese por una gallina o porque un jugador los preparaba para apostar. Hecho común en los campos, desde la época colonial; pero que fue perdiendo espacio después de 1959, mas furtivamente algunos lo hacían y Polo gozaba del espectáculo.

En la vida del campesino no puede faltar un buen guateque[7], porque eso da vida y permite trabajar pensando en la hora que suenen los cueros, se beba un poco de ron y se coma unos chicharrones, que no significa que se este ingiriendo carne, porque el chicharrón no es carne.

Con su proverbial sonrisa en los labios, Polo cuenta que un cuñado le enseñó los primeros acordes de la guitarra sin saber siquiera rudimentos de solfeo, aprendizaje que alternó con labores agrícolas como cortador de caña de azúcar. Era la época en que se abría, como las flores, a la vida. Era momentos en que sentía una de esas alegrías de vivir que nos llenan, no se sabe por qué, de una felicidad tumultuosa y como inalcanzable, una especie de embriaguez de fuerza.

---

[7] Fiesta particular en la que se come y se baila.

Al igual que miles y miles de niños campesinos antes de la revolución, Polo solía deambular descalzo y sólo fue a los 14 años que pudo conocer lo que eran los zapatos. Duro lastre para todo empeño transformador; pero a la vez, era insoslayable enrumbar la vida de aquellos niños, los que serian años después los impulsores y forjadores de una Cuba nueva. Polo cursa los estudios primarios en la escuela Ismael Ricondi, con la maestra Nancy Prometa, a la edad de 10 años; pero contaba que hizo un rechazo a la escuela y prefería jugar con otros niños. Un maestro de superación de obreros lo hizo llegar al tercer grado; pero ahí abandonó la necesaria ilustración. Hay que tener presente que Polo se alfabetiza con las brigadas creadas por la revolución, con el propósito de liquidar ese mal social en Cuba. Recibe las luces del conocimiento; pero no adquirió la disciplina que se segrega en la escuela.

El complejo turístico "Las Terrazas" le ha dado un significado económico a la zona y su modélica construcción, es una especie de anticipación, a lo que deben ser las construcciones de ese tipo en Cuba, país donde el turismo tendrá una impactante importancia en el futuro, no muy lejano[8]. Es de los sitios donde se despiertan las entendederas de los seres humanos y uno comienza a pensar en muchas cosas.

Allí, en las Terrazas[9], la revolución ha construido uno de los complejos turísticos más impresionantes de todo el país.

---

[8] El cuatro de octubre del 2010, en ceremonia realizada en "Las Terrazas", la Organización de las Naciones Unidas correspondiente le entrego el reconocimiento "del Hábitat", al diseñador u constructor de esa paradigmática obra, arquitecto Osmany Cienfuegos.

[9] El Complejo Las Terrazas es una Experiencia Rural de Desarrollo Sostenible situada dentro de la Reserva de la Biosfera Sierra del Rosario provincia de Pinar del Río. Constituye la segunda etapa de un proyecto iniciado en 1968 cuyo objetivo principal era la reforestación de un área de 5000 ha, mejorar las condiciones de vida de la población dispersa en la zona y establecer vías de comunicación con la red nacional de carreteras.

En 1971 surge la pintoresca comunidad Las Terrazas, protagonista de lo que ha sucedido en esta área hasta nuestros días, la cual ha logrado participar activa y conscientemente en todas las acciones que se han realizado con vista a lograr el desarrollo autogestionable del territorio, y elevar la calidad de vida material y espiritual de sus habitantes.

Desde 1994, atendiendo a los atractivos, el área se ha convertido en un destino turístico, orientado a la naturaleza y a la cultura. Ello conlleva un compromiso de

Allí se vive en conjunción con la naturaleza y se percibe la vida de una manera diferente. A Julio le gustaba la música y para invertir el escaso tiempo libre, integró el grupo Cantores del Rosario con el que amenizaban guateques y serenatas[10] en todo el lomerío. Por supuesto que los habitantes de la zona han desarrollado una psicología acorde con la forma de vida que llevan y la música que han generado, aun cuando es el fruto de la cultura criolla, no deja de tener un tinte un tanto especial.

En 1972, después de muchas vueltas, las que a veces da la vida, se casa con Caridad Pérez Morejón y siente la placidez de la compañía de una mujer amada. Con ella descubre la vida y en las burbujas de amor, cree encontrar la infinitud. El tiempo lo llevara a los planos ya vividos por sus antepasados. Sorpresas que da la vida. Ese mismo año es convocado por el servicio militar obligatorio y la situación económica del nuevo matrimonio deviene insostenible, pues la esposa tenía cuatro hijos. Todos los cubanos tenemos que cumplir el deber patrio de aprender a defender nuestro terruño, después que el poderoso vecino inventara la teoría de la fruta madura. Mientras tanto, Caridad lavaba y planchaba para la calle y cuando Polo venia de pase, tomaba la plancha y ayudaba a su esposa. Polo estaba dotado del poder invencible de la voluntad humana. Siempre fue así, un hombre de trabajo, capaz de vencer los prejuicios que tan arraigados estaban en las campiñas cubanas. Refiere la viuda y sus hijos que el rudo campesino les dio el cariño de un padre biológico, lo que dice mucho de los sentimientos de Polo Montañez, quien le enseñaba todo tipo de travesuras a los niños.

Pero Fernando Borrego Linares martianamente se enroló en las milicias revolucionarias y abrazó la honda de David frente a Goliat. Estuvo movilizado en el campamento "Los

---

usted con la conservación y control de este lugar; así como el respeto a la sociedad y la cultura local.

[10] En toda la zona del lomerío se cantaban serenatas y las canturias que constituían una verdadera tradición en esa zona.

Jejenes" y en las zonas aledañas, donde se desempeña con bravía, agudeza y cumple con el mandato de la Patria.

Polo se subía en un cajón y tocaba la su rudimentaria tumbadora; pronto comenzó a cantar y a tocar guitarra convirtiéndose en el líder del grupo, estos eran sus primeros pininos. Laboralmente, tuvo varias ocupaciones: Carbonero, ordeñador de vacas, tractorista y cortador de caña, entre otras. Compuso su primera canción en 1973, a la que tituló "Este tiempo feliz", después siguió creando, pero guardaba sus números en una gaveta porque no los consideraba de valor. Humilde de cuna y de vida, nos lega una confianza enorme en si mismo y en los valores que se anidan en el trabajo.

Componía con una mezcla de géneros, como un ajiaco, tomando de referencia los ritmos que iba conociendo, así fue formando un estilo bien propio con temas sobre sucesos personales o ajenos impregnados de elementos campesinos: La yunta de buey, el olor del carbón, el aroma del batey. "No voy a mentir: las tonadas, los sones montunos y las décimas formaban parte de lo que yo escuchaba y cantaba en un primer momento, pero después, de muchachón, no tanto. Debo explicar que yo soy de los jóvenes de los 60, y en el monte pinareño se escuchaba mucho a la radio. Y por la radio, en programas como *Nocturno*, de Radio Progreso[11], que era lo que oíamos noche tras noche como la mayor posibilidad de entretenimiento, comenzaban a darse a conocer cantantes españoles e italianos, de lo que se llama la onda *pop*, y yo tenía una facilidad tremenda para aprenderme esas canciones." En esa etapa de vida, conoció la bohemia de cantar aquí, allá y acullá.

Cuentan que en el Cusco, Polo ya se había integrado a un grupito musical y hasta lo dirigió, después se incorpora a un grupo musical en el movimiento de aficionados. Dicho grupo se llamaba "Los Plegados", y el era el guitarrista acompañante. Posteriormente, en las Terrazas crea el

[11] Fue siempre uno de los programas más apreciados por la audiencia criolla, a nivel nacional, por la conducción del mismo, su capacidad educativa y la calidad de las canciones y poemas.

grupo "Sorpresa" y ahí comienza la carrera de compositor del artista. Este grupo se mantiene hasta 1994 y deviene Septeto y cambia de nombre, "Cantores del Rosario".

Polo Montañez, autor de dos discos, no era un sonero, ni un bolerista, ni una estrella de salsa: era una suerte de poeta de la montaña, proveniente de un surco, de una comunión estrecha con la naturaleza, un poeta escapado de sí mismo, según otros. Y cómo decía Federico Garcia Lorca, « la poesía es fuego », en efecto la de Polo Montañez es algo así, pues hace mover hasta los ángeles, sin que descubran el misterio de sus sexos. Interpretaba una música bailable, y como dice el músico Adalberto Alvarez, el Caballero del Son, los géneros cubanos son bailables y en ello, Polo Montañez se destacó.

Al fundarse el Complejo Las Terrazas, con sus flamboyanes en flor, Polo y su grupo comenzaron a actuar en las diferentes instalaciones turísticas del lugar, entre ellas el hotel Moka, Rancho Curujey y el Cafetal Buenavista. Aquel grupo estaba integrado por gente humilde: Polo Montañez, compositor y cantante, Amaury Romero, director musical y bongó; Pedro Morales, tres, Lourdes Romero, contrabajo, Alejandro Romero, maracas; Gladys Pérez, coro y claves; Yunior Romero, güiro. Pero él era el alma del equipo y cuando alguien desafinaba hacia un chiste, era un consumado bromista y además consumible, pues sus cosas eran de buen gusto y lo señalaba, con el propósito de buscar la perfección y lograr que la música fuera la más pura posible. Comunicador contumaz con su gracejo peculiar. De esa forma hace del grupo, una especie de familia como los Tres Mosqueteros, de Alejandro Dumas, "todos para uno y uno para todos".

Polo era todo un artista y cuando animaba un espectáculo era insuperable con sus chistes e imitaciones. Sí, porque en ocasiones le daba por imitar al profesor Espinosa, del programa de la televisión, "Palmas y Cañas", dedicado al campesinado cubano. ¡Qué versatilidad la de Polo! Porque También era una excelente repentista, cuentan en la zona y tenia una capacidad enorme para improvisar décimas y desarrollar un contrapunteo con cualquiera.

Respondiendo a una periodista dijo: "Soy un guajiro que ha vivido siempre enamorado de la música. Nací en el monte y crecí allí. Cuando era pequeño, en mi casa y en la de los alrededores, se acostumbraba a hacer fiestas, en la que mi familia participaba. Al viejo mío, que era carbonero, le gustaba también la música y eso se pega, se adhiere a la piel y a los gustos.
A él le gustaba de modo especial el acordeón. A mí, en cambio, primero me llamó la atención golpear los cueros de una tumbadora, pero después le puse interés a la guitarra. Ahora me doy cuenta de que entre las cuerdas y la percusión estaba el camino de la música cubana, el que más tarde me trazaría como un objetivo en la vida".

Sobre sus orígenes señaló, de manera natural: "Nosotros interpretábamos cosas que nos pedían o que estaban de moda en fiestas y recitales en comunidades de todo el territorio vuelta bajero. —Siempre soñé con vivir para la música. Pero no era fácil ni era tan claro el camino. Sabía que la música había que estudiarla y yo mismo ni siquiera me había estabilizado en los estudios elementales. La Revolución llevó las luces de la Alfabetización y las escuelas a los parajes más difíciles, pero no siempre los maestros que enviaban a mi zona permanecían en ella. Cambiaban con frecuencia porque esos parajes eran muy difíciles en aquella época. Y entre eso y mis ganas de andar metido en el monte, la escuela se me fue quedando al margen. Me puse a trabajar, hice de todo y sé hacer de todo en el monte: cortar leña, aserrar árboles, sembrar, cosechar, operar la maquinaria. Todo lo hacía cantando y pensando en la música. Figúrate, que un día mi padre me vio "majaseando[12]" (holgazaneando) y me dijo: "Chico, la música no se come". Tuvo que pasar bastante tiempo para que pudiera armar un grupo y entrar en el sistema de las instituciones de la música.

Viene el llamado movilizando a todas las fuerzas de la nación, para lograr alcanzar la difícil meta de los 10 millones de toneladas de azúcar, en 1970 y Polo, muy joven, se suma con marcado entusiasmo al esfuerzo, destacándose como cortador de la dulce gramínea. Cuentan que lo dio todo, hasta las horas de descanso, en medio del rostro sudoroso, para cumplir con las metas trazadas y se le arrugo el corazón, como a millones de cubanos, cuando se anuncio que aquel sueño, no pudo hacerse realidad.

En 1993, este incansable trabajador organiza un grupo teatral para amenizar las veladas de la comunidad, Es el guionista y director. Cuentan los integrantes del grupo que era muy exigente en el conocimiento del libreto que, comúnmente reflejaba la vida cotidiana y los problemas a los cuales se tenían que enfrentar los vecinos de la comunidad. Esta es una nueva muestra del talento artístico de Polo Montañez, quien se afanaba por labrarse un derrotero en la vida. Un psicólogo diría que se buscaba a si mismo.

Hizo una presentación en el teatro Maria Teresa Vera, de la ciudad de Guanajay, en tanto que aficionado y con su guitarrita canto obras de Silvio Rodríguez, entre ellas: Fusil contra fusil, La Era está pariendo un corazón" Esos fueron los prolegómenos fuera del radio de acción tradicional.

Todo llama la atención en Polo Montañez, desde su cotidiana naturalidad, su acostumbrado vestir, hasta su hablar fluido y pausado, escribían en Juventud Rebelde, el 27 de noviembre de 2002, los periodistas Robin Marín y Thaimi Barzaga. Y es rigurosamente cierto, pues todas las fotos que hemos visto del artista, siempre nos muestran a una persona con esas características y asi lo corroboran

[12] Sin trabajar

también las personas que lo conocieron. Desde esa época no le afectaban los comentarios adversos. Muchos dirían que tenía "ángel", es decir la capacidad de relacionarse fluidamente e impresionar en la sencillez.

Cuando en la comunidad "Las Terrazas" se crea una emisora radial, Polo Montañez comienza a trabajar como locutor; pero el tema de presentación de la misma, es una obra del compositor titulada "Amanecer" premonición de la vida, pues estaba amaneciendo para la estrella, para su brújula verdadera. Cuentan que, en ocasiones, narraba chistes y hasta hablaba de que a Lola[13] la mataron a las tres de la tarde o sobre el antológico Chacumbele[14], esto no lo arregla ni el médico chino[15] o se refería a los apotegmas

---

[13] Lola, era una prostítuta de La Habana y la mató uno de sus amantes. El suceso se produjo a las tres de la tarde y su victimario que dicen era médico pensó que el crimen sólo ocuparía dos líneas en los titulares de la prensa capitalina de la tarde. Pero se equivocó y no se sabe por qué el presidente de Cuba Ramón Grau San Martín, en un discurso casi al término de su mandato, miró su reloj y dijo"coño las tres de la tarde, la hora en la que mataron a Lola, y la frase quedó acuñada para siempre en la memoria popular de los cubanos.

[14] El intrépido Chacumbeles (José Ramón Chacón Vélez) y Lolita La Perra Acróbata, como ahora se hacen llamar, llegan a ocupar un lugar de gran popularidad en el Santos y Artigas. Es primera vez que en Cuba se ve a una perra en la cuerda floja y también es la primera vez que un cubano logra hacer un salto triple sin red. Todo parece indicar que después de una niñez amarga y sin futuro, el destino le sonríe a Chacumbeles. Además de Lolita ahora las presentaciones de Chacumbeles incluyen también a Ilona, La Muñequita Húngara. Ilona Szabó, judía húngara de belleza impactante había llegado a Cuba por cosas del destino. Su familia había logrado salir de Hungría hacia La Argentina huyéndole al Nazismo. Chacumbeles se enamora perdidamente de Ilona y se convierte en su amante de turno. Comienzan un descabellado romance donde Ilona pone solamente su cuerpo pero Chacumbeles pone su cuerpo y también su alma. Un día en que estaba Chacumbeles en la cuerda floja con Lolita, contempló desde los aires a Ilona y Harry Silver malamente escondidos devorándose a besos. Enloquecido y rabioso, con sed de venganza, Chacumbeles perdió el equilibrio y cayó al suelo llevándose consigo a Lolita la cual murió aplastada por su dueño, salvándole así la vida a éste. En el hospital los médicos informaron a Chacumbeles que había que operarlo de urgencia pues tenía varias fracturas, las dos piernas rotas. Había quedado cojo y sin fuerzas en las manos a consecuencia de la caída. Sus días como el Intrépido Chacumbeles habían quedado atrás para siempre. En 1941 Chacumbeles pasó a la inmortalidad en una canción homónima, que suprime la "s" final de su nombre, compuesta por Alejandro Mustelier y grabada por el Trío Servando Díaz en un disco de 78 rpm para la Victor. En esta versión de la tragedia Ilona ha perdido la razón y busca desesperada por las calles de La Habana a Chacumbele, sin recordar, pobre loca, que Chacumbele se mató.

[15] Frase que la entroniza Juan de Dios de Jesus Sián Zaldivar. El chino Sián era muy popular debido a sus curaciones, a pesar de despertar temor en no pocos lugareños por considerarlo curandero, a causa de la ignorancia de sus procedimientos profesionales.

de nuestras abuelas: Pobre pero honrado, zapatero a su zapato, la yagua que está para ti, no hay quien te la quite y los radioyentes se reían, con sus ocurrencias.

También, por fortuna, es profeta en su tierra: de una punta a otra de la geografía insular, sus temas se reiteran insistentemente en la radio, ocupan los primeros lugares de las listas de éxito, y sus presentaciones en concierto arrastran multitudes, como expresión de un auténtico fenómeno de masas que viene sucediendo desde la medianía del 2001.

En el cuadernillo de su primer disco, se dice que "Polo compone mientras camina o monta un tractor, mientras nada, bajo la lluvia, el sol o la luna, cuando siembra la tierra... y hasta durmiendo" Y de su contexto se dice: "Vive en un pueblito rodeado de bosques y montañas, con casas de tejas rojas, blancas paredes y ventanas donde abundan las flores". Es este un contexto idóneo para poder hacer las composiciones que ha hecho Polo, quien evidentemente se inspira en su entorno.

Pero ese cuadernillo no decía que Polo, hombre de tierra adentro conservaba esa costumbre de nuestros campesinos de brindarle el aromático café, a los que se acercaban a su hogar. Rito o tradición que nos distingue y singulariza, y que dice mucho de la hospitalidad tradicional del cubano. Con esa misma disposición ofrecía un lugar en la mesa, para todo aquel que llegara a la hora de almorzar o cenar. Así era el artista y así son los cubanos nacidos en los lugares más recónditos. Trabajadores, con los sentidos muy aguzados, curtidos por el sol; pero dispuestos a compartir lo que tienen. Le gustaba, en esas circunstancias, tirar la casa por la ventana, como se dice en su tierra. De esa estirpe era nuestro "guajiro natural".

Su vida también se confundía con el paisaje, los mogotes, las orquídeas y la belleza de la vegetación de la llamada provincia más occidental de Cuba, Pinar del Río, donde la exuberancia de Viñales y otros sitios realmente hacen pensar en Cristobal Colón, cuando dijera que esta es la tierra más fermosa que ojos humanos han visto. Es cierto que la belleza es indiscutible; pero ahora me doy cuenta que el Almirante había visto poco o era un simple isleño. Es proverbial la gentileza del campesino de esa zona, donde un alabao, téngase presente la influencia cristiana herencia de los españoles, no puede faltar en una conversación. Ahora bien, el tabaco que produce esa región de Vueltabajo es único en el mundo y tal vez, por eso, uno puede ver a Polo Montañez y a los guajiros pinareños con un buen habano en la boca.

Quizá esa imagen paradisíaca haga creer que el cantor —si se me permite tomar en préstamo un término de las artes plásticas— sea *naif* o ingenuo, dijo un periodista. Habría que decir que Polo Montañez era una persona que se inspiraba en la madre naturaleza, en la vida cotidiana de los seres humanos y de ahí la belleza y la observancia de la realidad social, que caracterizan sus composiciones.

Este misterio rítmico que esconde cada rincón de la campiña cubana es algo, realmente maravilloso, tal vez semejante a la teoría creada por el inolvidable Alejo Carpentier. Pero lo cierto es que, para cualquier lugar de la ínsula, para el que uno se traslade, se entusiasma con las tonadas y con esa sabiduría o picardía del campesino cubano. Esa es base de la espiritualidad de la nación cubana. ¿No es esa la picardía de Polo Montañez? Es evidente que Polo exhala cubanía por todos los poros de su curtida piel y que hace uso de ella en todas sus obras musicales. ¿Qué inteligencia la de ese compatriota? Se imaginan si hubiera cultivado académicamente las disciplinas musicales, Claro, aquí se nos presenta un hecho recurrente, pues en Cuba también surgieron otros grandes valores musicales que, no estudiaron previamente música. ¿Será que el ajiaco de Don Fernando Ortiz pudiera explicar ese fenómeno? En el terreno de la música el siglo XX marcó un hito para Cuba, ya que a lo largo del mismo se produjo una explosión de géneros en nuestra ínsula, que nos reafirmaron como un centro de creación y desarrollo de nuestra alma, pues al decir de Marti, la música es el alma de los pueblos.

El aislamiento de los seres humanos, por lo general provoca una mirada hacia su interior, su espiritualidad y muchos campesinos cubanos cantaban y cantan en las noches observando la luna o mirando las estrellas. En la década de los treinta comienza a llegar la radio a los campos de nuestra ínsula y después ese ingenio tan poderoso que es la televisión; pero beneficiaba esencialmente a los poblados, pues la electricidad no llegaba a muchos parajes. Recuerdan el dicho sobre la profusa fecundidad de la mujer por falta de escuchar la radio. La música, en épocas pretéritas, fue el único entretenimiento de los campesinos y esas tradiciones aunque se han ido debilitando, hay lugares donde tienen una cierta prevalencia. Lo recuerdo por haberlo vivido cuando visitaba Arroyo de Mantua, en Pinar del Río, con el fraterno amigo, ya fallecido, Manolo Riveiro[16].

Ahora hay que decir que le gustaba visitar la capital de todos los cubanos y especialmente le encantaba el malecón habanero. Eso se observa con frecuencia, en los que viven en regiones de tierra adentro, que se impactan o se enamoran a primera vista, con el llamado collar de perlas y con el olor a salitre que se respira al deambular por ese paseo, que en las noches te acaricia con un frescor rejuvenecedor. Ese era su momento preferido, la noche, para ver a lo lejos las luces bordeando la cintura de la capital.

La mejor manera de saber la verdad era observar a Polo en su propio medio y escucharle. Ya no lo podremos ver más, en persona; pero podremos escuchar su obra y percatarnos que marcó una momento en su país y que por la excelencia de su quehacer, debemos venerarlo.

[16] Fue Director de Administración del Minrex y quien en realidad me hizo conocer la provincia de Pinar del Río, pues en unas quince oportunidades la visitamos juntos. Un Guajiro de una proverbial inteligencia y de una capacidad increíble para comunicar con los demás. Estudiando a Polo pienso en las características similares que tienen.

Del año 1994 hasta el 1999, Polo Montañez estuvo con su septeto interpretando cada día en "Las Terrazas", amenizando para los visitantes de ese bello lugar y allí se mantuvieron conquistando admiradores, tanto nacionales como extranjeros. Se sentía feliz el artista, pues apreciaba que deleitaba a los presentes, mientras el quehacer del grupo se hacia más efectivo. No se apreciaban, en aquellos momentos, nuevos horizontes. Parecía que la vida seguía igual, como dice una canción.

Capitulo II. Proyección internacional de Polo.

A este campesino de puro linaje, nacido Francisco Borrego Linares en un intrincado punto de la serranía occidental cubana y conocido en el arte como Polo Montañez, aún no se le ha agotado la capacidad de asombro. En menos de lo que canta un gallo, diría él mismo con una imagen propia de los hombres de la tierra, ha conquistado el favor unánime del público en México, Costa Rica y, de manera muy especial, en Colombia. Triunfó primero en Colombia, donde conquistó disco de oro[17] y platino y le gustaba mucho ese país, por el calor que le brindaron sus habitantes y por la belleza de su naturaleza, que tanto apreciaba. Los integrantes del grupo refirieron que ese momento, de la entrega del disco de oro, fue uno de los que más impresionaron a Polo Montañez. En dicho país, su música se ubica entre los primeros lugares de la popularidad, realizando diversas presentaciones en discotecas, salas de fiestas, festivales y grandes plazas. En realidad, en Colombia desde el surgimiento de la radio en

[17] Hasta ese instante, solo dos cubanos había recibido ese galardón colombiano: Celia Cruz y Enrique Jorrín.

Cuba, en las primeras décadas del siglo XIX, se viene escuchando la música cubana y ello se ha ido convirtiendo en una corriente de influencias muy apreciable.

A finales del siglo pasado, las canciones de Fernando Borrego Linares, más conocido como Polo Montañez, tan solo la escuchaban los turistas en el motel Las Terrazas de la occidental provincia cubana de Pinar del Río. La dulce placidez del triunfo o el saber que andaba por buenos caminos, le daba cierta alegría; pero lo atenaceaba que había que trabajar bien.

Fue allí, en Las Terrazas, donde lo descubrió el empresario de la compañía Lusáfrica, José Da Silva, quien tenía en su catálogo a la caboverdiana Cesaría Évora, entre otros famosos cantantes. No se equivoco el brasileño, pues su experiencia le permitió aquilatar la genialidad del criollo. Ahora comprobaba el hombre de negocios que Bernardo Quiñónez, el amigo de Polo Montañez le había dicho la verdad, el artista tenía un gran talento. Polo era capaz de establecer una empatía o comunicación con la audiencia y hacia que los presentes se sintieran partes del espectáculo. No era un espejismo o el agua que ve el sediento en el desierto, muy por el contrario, su música atrae y conquista corazones.

Da Silva buscaba talentos en Cuba y quedó asombrado con aquel diamante que brillaba en una zona tan apartada de los centros de la música. Cuentan que al término de una conversación, el empresario colombiano extendió un contrato a Polo Montañez por seis años y que nuestro compatriota lo aceptó inmediatamente. Sus ojos se iluminaron, se abría un nuevo horizonte en la vida del guajiro natural, se introducía un hálito de felicidad en su existencia y le costaba trabajo creer que era verdad lo que estaba aconteciendo. Si algo le faltaba para fortalecerlo en su quehacer, este hecho constituye la confirmación del aprecio por lo que hacia. Aquel fue un encuentro con su destino histórico, un viaje para él, hacia lo desconocido, hacia lo inexplorado. Como isleño al fin, también oteo el horizonte más allá de nuestras costas. Ahora abria de enfrentar el mundo de la competencia, donde tanto tienes tanto vales. Este fue, sin duda, un período de reafirmación y de ingentes esfuerzos.

José Da Silva[18], ejecutivo de la casa discográfica europea Lusáfrica-Recsa, con quien firmó un contrato para la grabación de tres discos, el tercero de los cuales no llegó a terminar. Da Silva, el mismo empresario detrás de la famosa cantante africana Cesaría Évora, se puso en contacto con Humberto Moreno, el director del sello colombiano MTM. Inicialmente el disco me sonó extraño -recuerda Moreno-, no era ni guaracha, ni bachata, ni merengue, era distinto. De hecho, Moreno y su equipo tuvieron que hacer con él sus primeros videos, y diseñar todo el material promocional. No tenían ninguna imagen de su trabajo, por eso tuvieron que hacerlo todo. Cesaría Évora, Sally Nyolo, la Orquesta Aragón o Polo Montañez son algunos de los artistas de Africa y América Latina que figuran dentro del catálogo de Lusáfrica.

No es ocioso decir que su ascenso fue lento, como el que trata de escalar la cordillera de los Órganos, por determinado lugar. Para subir esas cuestas hay que romperse las ropas y rasgarse las manos, en medio de un sol que luce en su plenitud. Fueron años de guitarra al hombro y el bongó en la mano, pero el guajiro cubano es persistente y siembra la semilla en el surco, para recoger años después la cosecha. Abrir las mentes a lo posible es salud.

Inició una gira por Colombia, donde lo escucharon más de 200 mil personas, vendió 40 mil copias y ganó discos de Oro y Platino. Sintió la deliciosa sensación de aventura que un nuevo viaje provoca. Es evidente que la vida te da sorpresas. Rutilante triunfo, apertura de las grandes

[18] Nacido en Cabo Verde, Africa, en 1959, ha sido músico, productor y creador de su propia compañía Lusáfrica, uno de los sellos más importantes dentro del género de música del mundo. Controla un fuerte mercado en Europa y Suramérica le grabó en Paris su primer disco y lo comercializó por toda esas regiones antes de darlo a conocer en Cuba, donde su primera presentación pública la organizo la revista Salsa Cubana en una feria del libro en el año 2001.

alamedas de la fama. Por esas razones Colombia lo declara "Artista del Año e Hijo Ilustre".

Para un debutante como él en lides internacionales y a los 46 años de edad el éxito no podía ser mayor, aunque le faltaba Cuba. En cinco oportunidades visita ese país, al que naturalmente se siente muy unido, por haber sido el que lo cobijó y le permitió escalar las cumbres de la fama. Interpreta además de la capital, en Barranquilla, Cartagena, Cali, Pereira, Medellín y Santa Maria. Veía los campos colombianos y le parecían muy similares a los pinareños. Se deslumbró con el descubrimiento de Colombia y la luminosa Bogotá, radiante en el horizonte urbano, lo conquistó con su Candelaria colonial, las esculturales, bien vestidas y perfumadas bogotanas, sus restaurantes de lujo y savoir faire. Las flores lo impactaron, por la fuerza del color, por las variedades y los perfumes. Lo impresionaban tanta riqueza y luces de neón juntas y la elegancia de las vitrinas. Los bares lo entusiasmaron y él conversador pertinaz, con unos tragos, hablaba de lo humano y lo divino. Pero en ese mundo, le faltaba algo: su mundo natural y el olor de la tierra bajo las estrellas, el calor pegajoso del trópico. No obstante sentir que había llegado al Olimpo. ¿Cuántos sueños cumplidos?, y no precisamente los anticipados por Calderón de la Barca.

Degusta el ajiaco, comida tradicional y los dulces de frutas tropicales que los encuentran exquisitos. El tamal paisa, de harina de maíz, lo impacta. Es conquistado por la variedad de la cocina colombiana. Eran momentos en que se le ensanchaba el alma.

Más de 150 actividades se llevaron a cabo en nueve días en la capital colombiana. El cubano Polo Montañez ofreció un concierto nada mas que en "El Festival de verano" organizado por la Alcaldía Mayor de Bogotá con el patrocinio del periódico EL TIEMPO, con la presencia de cincuenta mil personas, en el parque Simón Bolívar. Polo Montañez está lejos de ser un personaje de farándula, se decía en Bogotá; pero su disco Guajiro Natural, le cambió la vida. La canción Un montón de estrellas ocupa los primeros lugares de sintonía y es un éxito en Europa, Centroamérica y Suramérica.

De Colombia decía que cuando llegaba a ese país tenía que esconderse, ya que casi no podía andar, porque muchas personas querían conversar con él. Allí le rompieron cinco sombreros. Cuando concluía una función la afluencia de público para que le firmara un autógrafo era enorme, en esas circunstancias, hasta la policía ha tenido que protegerlo. Confesó que "El público más fanático a mi música hasta ahora es el colombiano". Tan es así que su primer disco en Bogotá alcanzó la cifra de 60 mil ejemplares, por la alta demanda que tuvo.

En esa ocasión se enfrenta a un grupo de periodistas, en una improvisada conferencia y señala como indicaba el periódico "El Tiempo", de Bogotá que: "El problema es que soy muy nuevo en este mundo, porque estoy hasta un poco asustado con el panorama de emisoras de radio y discos. Mi historia en esto es muy sencilla: un buen día me llegó la suerte de que un señor de una disquera francesa me conociera y me mostrara el camino para realizar mi sueño".
Se ríe al saber que en Colombia los guajiros son los oriundos de una región, entonces describe su condición de guajiro, de la que está muy orgulloso. "Guajiro o campesino es el que vive en el campo y trabaja en la tierra. Por eso digo que traigo el olor a carbón y a batey, el lugar donde vivo", explica en una voz que sale en frases tímidas pero tocadas por cierta rima.

No puede olvidar al país de las esmeraldas, por una y mil razones; pero el instante más impresionante que había tenido fue, cuando se anuncio que le entregarían el "Disco de Oro". ¡Cuántas emociones sintió y cuántos recuerdos! En aquel momento no sabía si reír o llorar; pero el corazón estaba fuerte y resistió todo el conjunto de emociones.

El disco Montón de estrellas Guajiro natural se lanzó en Colombia en mayo de 2000. En diciembre comenzó a sonar y en febrero del 2001 ya era un éxito de ventas. Ese éxito

hizo que la prensa y la televisión cubana se ocuparan del desconocido artista cubano que triunfaba en Colombia.
El año 2001 Polo Montañez se convirtió en el artista más popular de Cuba. Polo decía que había nacido artísticamente en Colombia. "Me complace el darme cuenta de que en países como Colombia el disco ha sido un éxito. Hasta en las discotecas lo escuchan los jóvenes", apuntó Polo.

Sobre Colombia señalo: "Me siento como en mi casa. Es un país excelente que, me cargo como a un bebe y me proyectó al mundo. Me enamore de Colombia y en Cartagena me sentí como en Cuba. Allí fui acogido como un hijo" Por eso le dedico una canción a dicho país, la que arraso en todo los escenarios en que la interpretó. Colombia le dio una perspectiva nueva sobre su arte y su potencialidad. Sentía en el fondo de su alma que no le había fallado a sus padres y que ellos se sentirían felices de sus triunfos.

En dos oportunidades estuvo en Francia, navegaba por un mar plácido y la espuma de la gloria lo bañaba. Así comienza su conocimiento de otros mundos; aunque tuvieron sus peripecias en el avión de Air France; pero al fin se serenan y se adentran dentro de las maravillas de la civilización y llegan al aeropuerto Charles De Gaulle. París fue un choque fuerte para su espíritu y el guajiro natural se sentía en la gloria caminando por las calles de una ciudad que recibió a los grandes artistas de su patria. Visitó varios lugares; pero la plaza de la Concordia y la Tour Eiffel lo impresionaron, lo fascinaron. Del Brujito a la Ciudad Luz, va una distancia sideral; pero su corazón se mantiene unido a la tierra que le permite respira y ser quien era. Le impresionan los jardines y parterre tan bien cuidados, fruto de una cultura que es preciso adquirir, pues eso significa que se respeta y se atiende a la naturaleza. Polo decía que: "salir de atrás de una mata de mango y de pronto caer en París" Estando en dicha ciudad y después de algunos encuentro con la Diva caboverdiana, Cesárea Évora compuso "Amor e Distancia", en homenaje a esa grande de la música de Cabo Verde. Testimonio de la empatía que se estableció entre ambos artistas.

El artista contaba posteriormente todas sus odiseas, en medio de grandes carcajadas. Creo que hasta las tazas de baños automáticos o las pilas que, cuando uno pone las manos debajo de las mismas, expelen un chorrito de agua, le hicieron mucha gracia. Un mundo en movimiento, el de una sociedad de consumo que no para mientes en inventar o crear necesidades, para hacer que la bolsa suene. Nada ese universo de cosas lo tomó por sorpresa; pero aferrado a su galaxia, se reía de si mismo y de sus descubrimientos. Muchas cosas aparecieron por primera vez ante sus ojos, algunas de mírame; pero no me toques, pero lo material no hacia mella en su espíritu, es decir no constituían una obsesión para él. Desconocía el mar y no sabía que muchas cosas nos habían llegado por los caminos de la mar, como dijera el escritor Guillermo Rodríguez Rivera y entre ellas, por supuesto, los elementos generadores de la música que él creaba.

Entra de verdad en los grandes circuitos musicales y viaja a Europa por veinte días, visitando Portugal, Bélgica, Holanda, Italia y después México, Ecuador, Costa Rica (2001) donde se queda extasiado contemplando la gran variedad de orquídeas que existen. Cuando el público mostraba sus banderitas cubanas, la emoción que sentían los compatriotas era inmensa. Además es invitado al Teleton y a diversos programas de radio y televisión tica. Este embajador del son[19] cubano, fue comunicando a los oyentes de otras latitudes que, aquel memorable ritmo que nació en las montañas orientales, en la etapa finisecular del siglo XIX, y que irradió todo el universo musical patrio, continúa manteniendo una prestancia sin par. Todos estos hechos dejaron recuerdos indelebles en él.

---

[19] El Son. Género vocal, instrumental bailable, que constituye unas de las formas básicas dentro de la música cubana. Presenta, en su estructura, elementos procedentes de las músicas africanas (bantu) y españolas, pero ya fundidos en lo cubano, confluyendo en él giros rítmicos, estribillos, modos percutidos, entonaciones y sonoridades de las cuerdas pulsadas que denuncian sus fuentes originarias. Diccionario de la Música Cubana, de Helio Orovio.

En el medio de difusión "Candela, Ritmo y Sabor" y bajo la firma de Juan Carlos Gutiérrez Monroy, se dice: "En Centro y Sur América estuvo por encima de Juan Luis Guerra, Alejandro Sanz, Juan Gabriel y Ricky Martin" Quiere decir que en el año 2000, las ventas de discos y las preferencias del público estaban a favor del Guajiro Natural.

El 3 de agosto de 2001, el periódico Vanguardia Liberal de Bacuranagua, de Colombia decía: Con su son cubano llenó las principales plazas del Viejo Continente y fue allí donde "mató" ese miedo que lo carcomía al salir al escenario, sobre todo en Bélgica, cuando su presentación fue apoteósica y se codeó con salseros de experiencia como Rubén Blades"

Ante las preguntas de un periodista mexicano respondió con una sonrisa a flor de labios: "Fidel es una maravilla, si no fuera por él, yo no estaría aquí en México, imagínate, yo tengo mucho que agradecerle a mi Revolución. Hoy la gente del barrio, por ejemplo, ya no trabaja la tierra, la hace una brigada estatal y la gente trabaja en las instalaciones turísticas del lugar..." No había equívocos de su parte, él era fruto de este proceso y lo reconocía en cualquier momento y circunstancias.

Compartió con artistas de la talla de Rubén Blades, Andy Montañez, Margarita Francisco, César Évora, Cándido Fabré, Francisco Repilado (Compay Segundo), Eliades Ochoa, Adalberto Álvarez, Dany Rivera y otros, estos hechos lo fueron reafirmando como músico original y como intérprete de los valores musicales de su ínsula. Ya habían caído sobre su figura los reflectores luminosos de la notoriedad, después de atravesar el desierto y tener que buscar la forma de llegar a la capital, La Habana, para humildemente visitar la "Casa de los Compositores", con el propósito de inscribir una obra musical.

Señala Polo Montañez que en Bélgica hubo un público inmenso intentando cantar estas canciones como cuando lo hace un niño que esta aprendiendo a hablar. Allí compartió el escenario con el famoso Rubén Blades y ese fue uno de los recuerdos más imperecederos que su espíritu trajo de dicho viaje. Las circunstancias no le permitieron poder conversar con Blades y tuvo que contentarse con una foto y un abrazo; pero conservó con mucho aprecio aquellos momentos que estuvieron juntos. De Rubén Blades le gustaban las canciones: "Nació mi niño y Pedro Navaja". Allí lo impresiono la gran plaza de Bruselas y lo rico y rebuscado del arte gótico. ¿Y quien no siente admiración ante tanta belleza?

Una vez, mientras viajaba por el Distrito Federal de México, alguien del grupo miró al fondo del ómnibus y vio al artista concentrado, con gestos desesperados, alzando las manos: estaba componiendo una canción como únicamente sabía: sin anotar, guardando letra y música en su rica y vigorosa memoria hasta poder grabar o montar el número. Dirigía a los músicos del conjunto, y en el estudio era quien descubría al vuelo si alguien desafinaba. Se enfadaba y peleaba, aunque retornaba en un momento a su afable estado natural. Vivió, en ese mundo, sin angustias, pues confiaba en su arte.

En el 2001, el músico del sombrero y la sonrisa afable es invitado al festival de la emisora radial "La Sabrosita", de México, para actuar en la histórica plaza, El Zócalo, ante una multitud de ochenta mil personas, que le tributan un inolvidable homenaje y bailan, con el mayor entusiasmo a los acordes de su orquesta y de su rítmica voz. El Distrito Federal es una ciudad de multitudes. Ya ha ido escribiendo páginas indelebles en el fortalecimiento de los lazos de amistad con otros pueblos y en la profundización del conocimiento de nuestros valores musicales. Sobre esa estancia en México dijo: "No quiero fama ni dinero, simplemente estoy aquí porque tengo ganas de cantar, de componer y de compartir esto con la gente, pero créanme, no hay nada más"[20]

[20]http://www2.eluniversal.com.mx/pls/impreso/noticia.html?id_nota=29271&tabla=espectaculos

Pero posteriormente reveló sus sentimientos más profundos al decir que, “"Definitivamente México es el país más importante para dar a conocer el trabajo de los cantantes que salimos de la isla y de otros países de Latinoamérica"[21]

Los éxitos de Polo Montañez han trascendido el ámbito latinoamericano, dónde era más factible apreciarlo debido al idioma. Los europeos comenzaron primero que nadie a apreciarlo. Luego de que José da Silva, presidente de Lusáfrica, se quedara fascinado por el cantor campesino y grabara el primer disco, Polo tocó las puertas europeas y allí, todo salio punto en boca.

Aquel artista cuyo nivel escolar apenas había vencido la enseñanza primaria, que además, nunca recibió clases de música, era un talento natural exponente de la nobleza y la sencillez del hombre crecido en contacto directo con la naturaleza. Por cierto, los grandes creadores por lo regular, han sido amantes de la naturaleza, como señala la historia. Había alcanzado una formidable proyección escénica y en su grupo se convierte en el líder vocal, en el alma del mismo, en la cara del mismo. Lo ayudaba el hecho de que era una persona desinhibida capaz de absorber como una esponja muchos conocimientos.

Como la música es el alma del cubano, los turistas venían y vienen buscando eso que nos identifica y que recorre el mundo sin necesidad de pedir visado. Aquí, en cubita la bella, se puede encontrar un formidable conjunto musical, o un excelente solista, en cualquier centro turístico amenizando los atardeceres, cuando el sol pugna por esconderse y darle paso a la luna. Lo real es que en las últimas cinco décadas y fieles a los creadores de antaño, se han forjado en las escuelas e institutos, muchos músicos que muestran el enorme acervo que se ha ido acumulando en nuestro país y las más de las veces las piezas que interpretan son con sabor a azúcar, a palmas reales, esas

---

[21] Emilio Morales Valentín. El Universal. Lunes 22 de octubre de 2001

que el poeta José Maria Heredia decía que se mecían bajo un cielo purísimo. Ese es el cielo que muchas veces lo dejaba anhelante. Su canto surge de adentro, cómo sí brotara de la propia tierra. Ojalá que surjan muchos Polos Montañez para que se mantengan esas tradiciones y los aires ajenos, no se impongan por desidia; aunque todo desarrollo constituye un toma y daca, como ha ocurrido en la historia musical cubana.

Y para conocer algunos de los pensamientos de Polo, es bueno tomar en consideración lo que dijera en una oportunidad y cito: "Soy un guajiro que ha vivido siempre enamorado de la música. Nací en el monte y crecí allí. Cuando era pequeño, en mi casa y en la de los alrededores, se acostumbraba a hacer fiestas, en la que mi familia participaba. Al viejo mío, que era carbonero, le gustaba también la música y eso se pega. A él le gustaba de modo especial el acordeón. A mí, en cambio, primero me llamó la atención golpear los cueros de una tumbadora, pero después le puse interés a la guitarra. Ahora me doy cuenta de que entre las cuerdas y la percusión estaba el camino de la música cubana, el que más tarde me trazaría como un objetivo en la vida.

No voy a mentir: las tonadas, los sones montunos y las décimas formaban parte de lo que yo escuchaba y cantaba en un primer momento, pero después, de muchachón, no tanto. Debo explicar que yo soy de los jóvenes de los 60, y en el monte pinareño se escuchaba mucho a la radio. Y por la radio, en programas como *Nocturno*, de Radio Progreso, que era lo que oíamos noche tras noche como la mayor posibilidad de entretenimiento, comenzaban a darse a conocer cantantes españoles e italianos, de lo que se llama la onda *pop*, y yo tenía una facilidad tremenda para aprenderme esas canciones.

Claro, claro, eran románticas (ríe)... y como uno siempre ha sido un poco enamorado, pues ya sabes; esas canciones de Los Fórmula V, de Los Bravos, de Juan y Junior, y más tarde las de José José, Nicola di Bari, José Feliciano, eran las que les gustaban a las muchachas. Pensándolo bien, ese tipo de canciones dejó en mí algo positivo, porque después de todo esa línea romántica no tenía por qué estar

separada de la música tradicional cubana más movida. También, debo aclarar, me gustaban canciones de Silvio y Pablo. Como joven al fin, no le hacía mucho caso al bolero, pero a medida que fui haciéndome mayor, me percaté de que allí también había un enorme tesoro romántico, canciones muy bonitas, y con una melodía increíble.
La intuición funciona, claro que sí, más a medida que uno se va metiendo más y más en el mundo de la música, se aprenden muchas cosas. Por intuición llegué a montar mis números con el grupo, a irme haciendo de un repertorio, pero lo demás, el espectáculo, saber cómo comunicarte con la gente, hay que amarrarlo con bejuco "colorao" y ese sí me lo conozco »

Lo que más le asustaban eran los aviones y las entrevistas. Era más bien fobia la que sentía, cuando abordaba un pájaro de hierro, que provenía de los instintos, que es innato. En realidad le tenía mucha aprehensión a viajar en los aviones y un escozor recorría su cuerpo cuando que abordarlo y tal vez hasta viajar fuera de Cuba. La primera vez que lo hizo dice que se puso muy nervioso y creía que se moría y hasta se le perdieron varias cosas. Lo mismo le sucedió en el elevador de un hotel en la lusitana Lisboa, que se impresionó mucho; pero después se fue acostumbrando a esas cosas. ¿Qué curioso cuando era capaz de luchar con un animal? Se reía con las llaves de los hoteles modernos, es decir con las tarjetas magnéticas. También cuando uno se para en un escenario, al comienzo, el público en un momento parece que te va a tragar, después entras en calor y terminas por compartir con él ese montón de música que uno lleva por dentro explicó en varias oportunidades. El miedo escénico es algo muy común y se rebasa con la experiencia, la costumbre y con mañas que se aprenden en el ejercicio de una profesión.

Muchos consideran que su mayor éxito se produjo durante la presentación en el evento internacional Womex, en la Republica Federal de Alemania. Esto constituyó un hito en su carrera y las posibilidades de nuevos contratos surgieron, en esos instantes. Sería un adiós a su estrella, pues la muerte le impidió alcanzar puntos más elevados, en el pináculo de la fama. En ninguno de esos países dijo buenos días en los idiomas que se hablan en ellos, los saludaba a todos, con ese cariño y amor, propio de los que hablan ese idioma universal que todos entendemos: la música.

Capitulo III. El ídolo nacional.

Con esa bondad que lo caracteriza Polo Montañez, "la inspiración cristalina" como lo calificaba la prensa mexicana, nos brindó las siguientes precisiones sobre su vida: "Corté caña, ordeñé vacas como un obrero cubano y hacía música a la vez, iba a fiestas populares en varias partes de la provincia incluyendo La Habana; pero como aficionado. Trabajaba en el campo y después hacía canciones para llevarlas por ahí a la gente. En 1994 me dedico por entero a la música; pero internamente, allí en las lomas, en el hotel Moca" Es evidente que estas palabras reflejan mucha nobleza humana y Polo señala su estirpe campesina, de la que se siente feliz. Pero la música lo acompañaba siempre, es como decía José Martí, ella se encontraba de forma permanente palpitando en el espacio.

Cuando en una ocasión, quisieron cambiarle el llamado look o imagen y lo presentaron con el cabello ensortijado al nivel de la oreja y sin sombrero, no causo la misma impresión en la audiencia y eso solo duro unas pocas presentaciones. Ese no era el Polo Montañez conocido y tuvo que volver a la forma original de vestirse, con el sombrero de guano y su guayabera. Además, él tenía una personalidad que no podía modificarse, pues la suya era la que atraía. Llego a ser muy querido en su provincia natal y especialmente en la televisión de Pinar del Río, donde hay una exposición permanente del artista.

En Cuba, después de atravesar el desierto, la popularidad de Polo creció como la espuma y su música, llena de encantos, le hacía bien al alma. Las cifras de espectadores a sus conciertos rompieron todas las expectativas. Sumaban miles y miles los niños, jóvenes, adultos y ancianos que se congregaban en los lugares donde se presentaba. En algunas actuaciones, Polo descendía del escenario y se fundía con el público, lo que era altamente apreciado.

Es imposible hablar del ascenso de Polo Montañez, sin mencionar el aliento y apoyo que le brindara a él y a su grupo, la compañera Marcia Leiseca[22], quien ayudó a buscarle los instrumentos musicales, después hizo posible que la primera grabación se hiciera en "Casa de las Américas". Se puede decir que ella apoyo una buena parte de la carrera del artista.

Ya por esa época comienza a conocer un poco la capital de todos los cubanos y se impresiona mucho con el malecón habanero y las diversas tonalidades del mar. Se fascina con los misterios que encierran esas aguas que tanta significación han tenido en la vida de este país, desde tiempos inmemoriales hasta nuestros días, pues muchas cosas nos han llegado por los caminos de la mar, según apunta el profesor Guillermo Rodríguez Rivera. Para el Alejo Carpentier de El Acoso, La Habana es una ciudad abierta, que avisa de nuevas posibilidades, y que, al ritmo de una pieza barroca, ofrece otra álgebra del cambio y Polo Montañez experimenta un sobrecogimiento ante ella; pero no se rinde ante sus encantos y siempre prefiere volver a su tierra adentro.

Su condición cosmopolita, que cayó sobre él sin aviso, cuando empezó a viajar en 1999, no lo privó de sus costumbres, como comer guayabas con sal. «Todas las

[22] Vice-presidenta de Casa de las Américas y animadora de la vida cultural del complejo "Las Terrazas"

frutas las como con sal, guayabas verdes y maduras, mangos, cualquier fruta», aclara. No hay dudas, Polo es un guajiro natural.

Deleita con su música, desde el tradicional programa dominical "Palmas y Cañas", de la televisión y así estar cerca del campesinado, es decir de su gente.

También en el año 2002 ofrece un concierto en la Isla de la Juventud, con motivo de uno de esos ciclones que cíclicamente se abate sobre nuestra ínsula y en esa oportunidad les dijo: "Vine a traerles a los pineros un poco de alegría, para que se recuperan lo más rápido posible de las desgracias dejadas por los últimos ciclones" Pero ello lo hizo, sacrificando compromisos internacionales, con todo lo que eso significaba. Polo prefirió compartir con sus compatriotas, en aquellas aciagas circunstancias. Siempre fiel a sus orígenes.

El 9 de octubre de 2002 se presenta en el Hurón Azul, espacio situado en los bellos jardines de la Uneac, Polo Montañez ese ídolo nacional que ya tiene un sitio perenne en la memoria de la gente, ganado al son de sus canciones dedicadas al amor, la amistad, los mejores sentimientos ¿y por qué no? La institución viste sus mejores galas, para acoger al artista, en recinto bajo la sombra de frondosos árboles que, hacen del mismo, un lugar ideal para escucharlo. Hasta en los corredores hay admiradores. El entusiasmo reina. A las huellas lacerantes que dejan algunos procesos humanos, escribía la periodista Teresa Diaz, de la agencia de información nacional. En esa oportunidad se presentó en el espacio "Trova sin Traba", en un momento en que estaba en la cúspide de la popularidad. Se le hizo un agasajo en el comedor de la Casa de los Artistas y Escritores y después se escuchó su voz, interpretando canciones dedicadas a Barranquilla y Cartagena.

El primer día del 2002, tal como hicieron miles de artistas en los 169 municipios cubanos, Polo regaló un concierto a sus coterráneos de su patria chica, la provincia de Pinar del

Río. Nunca antes un acontecimiento artístico había reunido a 50 000 personas en la capital de esa provincia. También en el año 2002 dio un concierto magistral en la Ciudad de Holguín, en la parte moderna de la Ciudad, acudiendo más personas de las que los organizadores pensaron jamás y el recinto vibro de alegría al compás de la sonera música de Polo. Era capaz de establecer un fluido diálogo con la audiencia, es decir que una de las claves de su éxito, era precisamente su capacidad de comunicación.

Poco después, viajó a Santiago de Cuba a encontrarse en la escena con Eliades Ochoa[23], un sonero oriental que en los últimos años ha alcanzado una gran dimensión mítica. Las tres funciones en el teatro Heredia, el de mayor capacidad en esa ciudad, se repletaron de tanto público que hubo que permitir espectadores en los pasillos y las escaleras. Asi lo recibía la exigente cuna del son. En ese periplo que lo lleva a todas las provincias del país, se contabilizó la presencia de más de un millón trescientas mil personas, en sus conciertos. Era imposible permanecer estático frente a su música, todos estaban incitados por bailar al compás de su ritmo, se danzaba sabrosamente, todos se entregaban sin reservas. El dinero que se recaudó lo donó para adquirir instrumentos musicales para las escuelas de Cuba. La risa penetrante de los niños lo entusiasmaba. ¡Cuánta humanidad y sentimientos nobles encierran tan encomiable actitud! Significa También la importancia que Polo Montañez le atribuye a la formación académica y la moral que se ha ido desarrollando en nuestro país. La imaginación hace pensar que ese hecho deja una huella y que los cubanos aprecian ese loable gesto del artista.

En el documental hecho por la disquera Lusáfrica, lo vemos visitando la escuela Vocacional de Arte de Pinar del Río. Feliz estaba el artista de encontrarse con aquellos jóvenes y de alentarlos a proseguir sus carreras. Quería saludar a cada niño. Darles un beso a las niñas, firmar autógrafos, tener una atención para con todos y cuando abrió el obsequio que le dieron, accedió a abrirlo al reclamo de los

---

[23] Uno de los soneros más singulares y con mayor reconocimiento mundial.

presentes y grande fue emoción cuando vio que era una camiseta con su nombre.

Así fue adentrándose en el conocimiento de las diferentes provincias y sus ciudadanos. Hasta ese entonces no había tenido la posibilidad de conocer a la ínsula, más allá de su provincia natal y la capital. Se sentía impresionado con los diversos lugares que iban pasando, como una película en technicolor, frente a sus ojos, ávidos ya de conocer todo lo cubano. Los colores, los monumentos, las edificaciones, los tonos de las voces, las particulares formas de evidenciar la alegría tenían un especial significado para él. El archipiélago con sus misterios lo envolvió y lo cautivó. No en balde el Almirante Colón había dicho que está era la tierra mas hermosa que ojos humanos habían visto. Y eso lo dijo sin chovinismo, pues no había tenido la dicha de nacer aquí.

El tema "Un montón de estrellas" lo situó a la altura de celebridades como Los Van Van, Isaac Delgado, Amaury Pérez y la Charanga Habanera en los registros anuales de favoritismo popular y no es arriesgado decir que los fanáticos a su música se han convertido en una legión insaciable que reproduce en casetes cada uno de los cortes del disco *Guajiro natural* (sello Lusáfrica, 2000) e imponen la música de Polo en grandes o pequeños motivos festivos. Ya nuestro hombre de las "Terrazas", es un artista consagrado y en la primavera de su vida o su carrera artística.

Cuenta Raúl Roa Kouri[24] que, en una oportunidad estuvo de visita en las "Terrazas", con el pianista cubano de origen judío, Salomón Gadles Mikowsky[25], quien después de escuchar las interpretaciones que hacia ese día, Polo Montañez, le preguntó al artista dónde había estudiado música y al recibir la respuesta de que nunca lo había hecho exclamó, "pero las melodías que he escuchado son las de una persona que sabe de música"

---

[24] Escritor, exembajador de Cuba en Naciones Unidas, UNESCO, Francia, Vaticano. Fue Viceministro de Relaciones Exteriores.
[25] Salomón Mikowsky, catedrático del Manhattan School of Music desde 1965.

A inicios de los 2000 Buena Fe y Polo Montañez fueron las propuestas musicales del interior del país que tuvieron un gran impacto nacional. El autor de Un montón de estrellas fue el tercer intérprete cubano en recibir un Disco de Platino, luego de Silvio Rodríguez y Pablo Milanés, y el único en vender 29 mil copias de su primer álbum. Etapa de crecimiento dentro de la trayectoria profesional del creador.

"Yo conocí a Polo desde antes de que fuera famoso y surgiera Buena Fe, lo conocí por mi antigua relación matrimonial que era de la misma discográfica de él y ahí tuvimos una excelente relación, incluso, recuerdo que cuando él estaba en su mejor momento nosotros nos vimos varias veces en La Habana y él me comentaba que quería que hiciéramos algo juntos, me decía que escuchaba mucho nuestra música"

"Yo pienso que los puntos de conexión pueden ser quizás la candidez con que enfocábamos la música por la falta de prejuicios con que lo hacíamos, lo bueno que tenía Polo es que es un tipo de música tradicional que no se parece al resto de este tipo de música que se hace en Cuba, era muy nacida de sus influencias, de su corazón, de cómo él enfocaba la música, eso mismo pasa con Buena Fe, lo único que en vertientes y en géneros diferentes, yo pienso que eso es un punto de encuentro, la candidez, la inocencia con que enfocamos el trabajo[26]".

El 19 de enero del año 2002, Polo Montañez brindaba su arte, en el parque Villalón de la capital habanera, frente al teatro Amadeo Roldan, junto a otros grandes de la música, en honor a los cinco cubanos prisioneros del imperio. Así se suma Polo a una causa justa, como lo ha hecho todo el pueblo cubano.

Ahora las siguientes reflexiones de Polo Montañez, sobre la fama, nos reflejan meridianamente el alma de este cubano

---

[26] Publicado por el periódico "El Guerrillero" de Pinar del Río. Conversación con Israel Rojas, del grupo Buena Fe, de fecha 4 de junio de 2010.

y cito: "El que tenga que pasar por eso y lo rebase es porque es duro. Es un cambio muy brusco. Imagínate yo metido en las lomas y salir de pronto con un disco, yo que nunca soñé entrar a un estudio ni siquiera verlo y entrar por primea vez a uno como Abdala a grabar...No es lo mismo cantar en la calle que hacerlo en un stadium" Puedo entender al artista, porque lo comparo con la primera vez que hice uso de la palabra, en la Asamblea General de las Naciones Unidas y sentía que mis piernas templaban; pero las obligaciones me conducían a superar el impass y uno vez logrado, no dejaba de gustarme dirigirme a mis colegas, desde aquel augusto proscenio. Siempre hay una primera vez o no recuerdan cuando se produjo el inicial escarceo amoroso.

Polo contaba riéndose la primera vez que fue a cantar a la Piragua, situada en Malecón, detrás del Hotel Nacional, cuando fue a utilizar el micrófono, sintió que la electricidad lo iba invadiendo y soltó aquel instrumento de pronto. Efectivamente se había producido un desperfecto; pero una vez arreglado, no podía parar de tocar y cantar, ante un público enardecido. Actuó con esa gran sencillez de espíritu que lo caracteriza. Me imaginó que recordaba también, que desde ese lugar, muchas orquestas habían hecho vibrar a la audiencia habanera.

Sobre la ciudad dijo que ya el no se podía ir a vivir en ella, pues todo le quedaba grande y por eso, cada vez, que el trabajo se lo permitía se iba para "Las Terrazas", lugar que adoraba y allí en su casa, su mujer y sus hijos se sentía feliz contemplando el lago y viendo las gallinas comiendo. Era hombre de su hogar y de su medio. Dueño de su destino y viviendo una felicidad interior muy rica.

Dice Polo Montañez que una de las emociones más grandes de su vida fue cuando interpretó en la plaza camagüeyana, Ignacio Agramonte, ante una multitud de ciento cincuenta mil personas. Lo impresionó mucho el escenario y más tarde aquella masa humana aplaudiendo. Es algo que nunca podrá olvidar.

Ya en el 2001 el periódico Juventud Rebelde decía que "La voz de un guajiro nacido en el corazón de las montañas pinareñas se expande por el mundo. En los últimos meses los jóvenes (cubanos) se pasan de mano en mano sus cassettes" Esto último lo recuerdo nítidamente, pues fue de esa manera que conocí su música.

Cuenta una periodista que, Polo Montañez, el campesino músico que se convirtió en ídolo de hoy para mañana, podía pasar solo hasta las doce del mediodía y dar la impresión de ser un hombre solitario, hasta que llegaran el hijo o las sobrinas, o un viejo vecino pasa a saludarlo, y entonces entraba en su estado predilecto.

En una típica casa humilde donde aún se cocina con leña, el autor de la popular: Un montón de estrellas, se sentía casi en estado de gracia, rodeado de un hijo, la nuera, dos nietas, y un periodista obsesionado en observarlo en sus costumbres de campesino rudo, que parecían intactas a pesar de la fama y aviones.

En medio de los avatares de la vida, llegaba a un bar, saludaba e invitaba a los presentes a invocar al dios baco, siguiendo así una tradición de la comarca. Detalles de una vida de tensiones y emociones. ¿Buscaba la distensión emocional o eran realmente costumbres raigales? Con Cupido se llevaba como la abeja al panal. Aunque desconocía quien era Voltaire, sentía que vivía en el mejor de los mundos posibles; aunque no en una sociedad perfecta, como canta Pablito Milanes. En esos momentos, los proverbios campesinos pinareños surgían a borbotones, al igual que la risa de los presentes.

Sin embargo, Polo Montañez, aunque ofrecía una imagen de tipo autoritario, era la sencillez inimaginable con una armazón de hierro que perdía apenas empezaba a conversar, incluso con un desconocido. Esa era su aureola y una hora a su lado dejaba ver un alma noble y sensible, que llevaba a cuestas sus recuerdos como el camello carga con sus jibas.

Polo, como lo llamaban, era franco, constantemente perseguido con la vista por la gente, hacia gala a su nombre, pues era todo un polo de atracción. Entonces tomaba un hacha al lado de una loma de carbón y se ejercita para recordar sus tiempos de aprendiz de carbonero junto a su padre, quien lo despertaba en noches de frío para que se calentara al lado del horno y asi mitigaba las inclemencias del tiempo, ese que va limando muchas de las asperezas de la vida.

Una guayabera[27] del artista se encuentra en el Museo de dicha prenda, en la ciudad de Santis Spíritus, junto a las de Fidel y Raúl Castro, el cardenal Jaime Ortega, la bailarina Alicia Alonso, así como la de Hugo Chávez, Gabriel Garcia Márquez, Miguel Ángel Asturias, y otras personalidades cubanas y extranjeras. Guayabera que se creo en la mencionada localidad de Santis Spíritus y que devino en vestimenta típica del campesino cubano y muy ligada a nuestra identidad, a tal punto que hoy, se porta en las actividades oficiales, es decir integra el protocolo cubano.

¿De donde se nutrió Polo Montañez para alcanzar los niveles a los que llegó? El mismo lo explicaba en una oportunidad y cito: "Escucho toda la música cubana; pero mi ídolo es Cándido Fabré[28]". Desde temprano, en las noches de "las Terrazas", le gustaba ponerse a oír el programa radial "Nocturno", de Radio Progreso, espacio dedicado a la música romántica y a la poesía, que lo hacia soñar e imaginar temas para después hacer composiciones o ponerse a tararear canciones. Es decir que ese programa ejerció una gran influencia en la formación del artista, quien fumando cigarrillos no sentía pasar el tiempo fascinado por aquellas melodías y poemas. Por esos años, aunque la televisión había avanzado de manera ostensible, en todo el país, todavía la radio tenia una influencia

[27] Cuba reclama la paternidad de esta "prenda de vestir de hombre que cubre la parte superior del cuerpo, con mangas cortas o largas, adornada con alforzas verticales, y, a veces, con bordados, y que lleva bolsillos en la pechera y en los faldones" (la definición es de la Real Academia Española), muy popular en toda la región del Caribe pero también en lugares como las Canarias y las Filipinas

[28] Cantante. San Luis. Oriente. 20 de septiembre de 1959. Inicio su carrera artística en 1983 con la Charanga Original de Manzanillo, dirigida por Pachi Naranjo.

apreciable en determinadas áreas geográficas. ¡Cuanta influencia ha tenido la pantalla chica y los medios en general, en la vida del cubano!

Era tal la versatilidad de Polo Montañez que, visitaba con cierta frecuencia un paladar de San Cristobal, "La Casona". Había una trabajadora del lugar que con un golpe de vista lo tenía hechizado, la esbelta Adys Garcia, con sus grandes ojos y sensuales labios le parece de un encanto irresistible, además de ver en ella todas las mejores virtudes del alma humana, y él iba para tratar de conquistarla y en esos menesteres, se ponía a escribir poesías, con el propósito de establecer los puentes que lo condujeran hacia su preciado y espiritual objetivo. Estaba como el pintor y su modelo. En ocasiones, jubilosos momentos, pedía un bistec de hígado, uno de sus platos favoritos y tomaba ron, porque llevaba una botella. Las horas dulces. Así comenzó todo y en medio de ello, los regalos de cassettes con su música, el hombre hizo diana y ella lo acompañó, en la recta final de su vida y lloró en su tumba ante los cadáveres de su hijo y Polo, ambos llevados hacia la luz por el accidente.

Tenia la costumbre, la hermosa costumbre de celebrar su cumpleaños rodeado de familiares y amigos. Era su manera de mantenerlos unidos, como los cinco dedos de una mano. Y aun en las circunstancias más aciagas, trataba de no exteriorizar sus preocupaciones personales. Así era Polo, el hombre que limpiaba su casa y se metía en la cocina a elaborar platos que preparaba de manera eficaz y suculenta. Cumplía con el código de la familia y con ello, se alejaba del machismo criollo, tan enraizado en la tierra adentro. Esto es una muestra del avance que han tenido esos conceptos en los últimos cincuenta años, en los rincones más intrincados de nuestro país, donde esa practica era una norma o costumbre tan enraizada.

Su último onomástico, el 5 de junio de 2002, lo celebró con sus amigos en "Las Terrazas", no es que presintiera la muerte; pero quería que todos sus allegados estuvieran presentes y que un grupo musical amenizara la fiesta. Sin dudas que, tenia una visión propia de la vida y de las cosas. Los misterios del hombre, ese conocido desconocido, como diría Alexis Carrel.

Siendo un niño también se entretenía escuchando música en la radio, el medio de difusión por excelencia de aquella época y se solazaba con el antológico Septeto Nacional de Ignacio Piñeiro, la reina del cha, cha, cha, la orquesta Aragón, la orquesta Sublime. Ya después fue admirando a Manolito Simonet y su Trabuco, porque no son chabacanos y aquí me detengo para que veamos los gustos estéticos y éticos del artista. No obstante su nivel cultural, a Polo Montañez no le gustaba la banalidad, ni el lenguaje marginal. Sus otras orquestas preferidas eran: Los Van Van y La Revé.

Lo anterior explica que Polo, con un maravilloso oído musical, fue incorporando el acervo anteriormente señalado y después de digerirlo lo devolvió con su sabrosa y espléndida obra composicional. Mantuvo la condición primaria del arte: su espontaneidad. Bebió en las fuentes de la tradición criolla, pues la música de la familia fue su primera escuela, proposiciones que lenta e imperceptiblemente penetran en un individuo y constituyen su visión del mundo Asi se fue forjando el hombre, y nos fue asombrando con su fabulosa intuición musical.

De la mano promocional de Martin Nizarane actuó en el Parque Lenin, donde seria ovacionado por sus compatriotas y después lo hace en el centro "La Macumba", con un éxito tremendo. Todo lo hacia con naturalidad y de forma espontánea y no se detenía a descansar. Parecía como si el trabajo lo hacia descargar energías y eliminar el cansancio o era la satisfacción de saberse querido y admirado por su música, que ya era su vida.

Algunos se preguntaran de donde surge su nombre artístico y encontramos que sus padres, ya lo llamaban "Polo", desde niño; pero el Montañez viene de su amigo Rubén Gamboa[29], quien tuvo el tino de ponerle ese apellido, como

[29] Barman del Rancho Curujey en las Terrazas, donde algunas veces interpretaba Polo.

nombre artístico, porque era una persona surgida en las montañas y a ellas se debía. Polo y Gamboa fueron locutores de Radio Vorágine y en ese tiempo, Polo le hizo muchas bromas al amigo, costumbre que observamos a lo largo de toda su vida. Por supuesto que algunos chistes formaron parte de la programación de la emisora. ¡Qué alegría de vivir tenia! Recordemos también que el cubano es dado a hacer bromas, una forma de expresar sentimientos. Hay muchas interpretaciones sobre esa conducta y traigo a colación, una que me parece muy plausible. Según Alistair Clarke, autor del libro Pattern Recognition Theory of Humor (Reconocimiento de Conductas Teoría del Humor), el humor es una constante en todas las sociedades humanas. Nuestra habilidad para reconocer patrones instantáneamente e inconscientemente ha demostrado ser un arma fundamental en el arsenal cognitivo de los seres humanos. El sistema de recompensa ha promovido el desarrollo de las capacidades perceptivas e intelectuales que sólo posee nuestra especie".

Radio Guamá, de su amada provincia pinareña, fue la primera en difundir su música y después le siguieron los otros medios.

Sobre Polo Montañez y su gran significado en la música cubana han opinado algunos connotados musicólogos y colegas suyos, entre ellos:

La renombrada investigadora de la música, Dra. Maria Teresa Linares[30], señalo y cito: "Le gusta su música porque es refrescante, cuando hoy la música es fuerte, rápida, yo diría no escandalosa; pero si muy sonora, por la existencia de muchos instrumentos de percusión...En el año 200e hubo un cambio de sonoridad de su música, el tempo más lento, mas cadencioso. Empecé a escucharlo más detenidamente y me percate que el bongo marca un ritmo bailable, fácil de bailar por todo el mundo. A finales del 2001 las casas recibieron el nuevo año con la música de Polo Montañez. El ritmo del bongo de su grupo es el tradicional y eso se había

[30] Ha sido profesora de diversos centros docentes musicales y tiene una enjundiosa obra investigativa sobre la música cubana.

perdido en Cuba, cuando es más fácil de bailar por todo el mundo. EL empaste de las voces es el que teníamos en la memoria histórica hace 25 años, es el del grupo Mocedades...En el año 2000, estaba en la tribuna antiimperialista José Marti, en el congreso de la FEEM, cuando me percate que al ver reflejada la guayabera de Polo Montañez los jóvenes saltaban y gritaban de alegría y me di cuenta que a los presentes les gustaba"

Para el llamado Caballero del Son, Adalberto Alvarez, "No fue a la escuela; pero tenia la música dentro. Me dio alegría saber que era de las Terrazas y que era decimista, repentista" Y para el Acuarelista de la poesía antillana, el Maestro Luis Carbonell, Polo "canta, dice, expresa un sentimiento popular, por eso es atractivo para las grandes masas...escucharlo es ver el campo cubano, es ver a un guajiro trotando en su caballo por una guardarraya llena de palmas"

El músico José Luis Cortes[31], popularmente conocido por el Tosco, dijo durante la presentación de Polo Montañez en un concierto: "Es uno de los grandes de la música tradicional cubana"

Eliades Ochoa, el famoso tresero dijo: "por mucho que se hable de Polo, siempre se quedara por debajo de lo que era. Goza de una popularidad extraordinaria, era muy carismático y debió de haberse conocido hace veinte años...Polo llegaba al pueblo, él es del pueblo. Eso es lo que se apreciaba cada vez que salía al escenario. Nos faltarían muchas palabras, estoy seguro, para hacer un retrato de lo que es Polo"
Para la gran Celina Gonzalez[32], "es un gran compositor, un gran músico, un gran interprete, una persona muy completa, muy humana. Como yo, Polo triunfo en Colombia"

[31] Músico de sólida formación académica y muy versátil. Director de orquesta.
[32] Cantante. A los 16 años se inició cantando punto cubano, en unión de Reutilio y asi conoció el mundo e interpreto en varias emisoras de radio y televisión cubanas.

De dichas opiniones se puede colegir que se necesitaba que surgiera de las filas del pueblo, un genio musical que, nos hiciera recordar lo mas genuino y profundo de nuestro acervo y potencialidades y ese ser fue: Polo Montañez, quien fue deleite de jóvenes y viejos y de todos los estamentos de la sociedad cubana, en la que le toco vivir. Esto ha sucedido de manera recurrente en nuestra historia musical.

Soy de los que pienso que es muy necesario, para la defensa de nuestra identidad, apoyar y darle más atención a la música tradicional cubana, por parte de los medios de comunicación social.

Capitulo IV: El Patriarca de la canción fallece

Los misterios de la vida, El 20 de noviembre del año 2002, en viaje de regreso de la capital habanera, transitando por la autopista nacional hacia San Cristóbal, impactó su auto contra un camión en la zona conocida por La Coronela, resultando gravemente herido. El propio Polo venia de ingerir pocas bebidas. Estaba contento, feliz, la vida comenzaba a sonreírle. El chofer de la rastra saltó ante el impacto y cuando vio que el herido grave era Polo Montañez se echó a llorar, pues era un gran admirador del cantante. La robustez de su cuerpo, sus genes lucharon por recuperarse, ayudados por los galenos y los medicamentos; pero no pudieron mantenerlo vivo. Lamentablemente, 6 días después del accidente, falleció dejando un gran dolor en todos los hogares cubanos. La esposa del cantante, Adys García, de 47, y los menores Gisela María Gil, de 15, y Ángel López, de ocho años, quienes estaban con él en el automóvil, no sufrieron heridas de gravedad. Los cubanos estuvimos celosamente pendientes de su salud, siguiendo por televisión los breves partes médicos y las notas de prensa en los periódicos. Tal vez todo se debió a una actitud de cariño alentada por la leyenda, según la cual Polo era un hombre generoso, noble, dadivoso. La verdad es que tenía un carisma aplastante y un sentido del humor que funcionaba en cualquier circunstancia.

Hablando sobre cosas muy personales dijo haberse casado tres veces y que su última compañera, Adys Garcia había sido una fructífera fuente de inspiración en su vida. Todos coinciden en afirmar que era una persona muy familiar y que le gustaba la tranquilidad del hogar y el sonido del panal en producción.

Como muchos que no resisten la perdida de un ser querido y que acuden a las tradiciones y a una fe para que un milagro impida el viaje hacia la luz, como diría el poeta Pablo Armando Fernández, tras una semana de espera ansiosa, con la esperanza, quizás ilógica e irracional, que nos devolvería al ídolo, su féretro fue acompañado por una multitud callada y triste en el pueblo donde nació. La televisión nos ha regalado en las últimas horas su imagen en entrevistas y conciertos, y hemos sentido una mezcla extraña de desasosiego y placer al ver a Polo Montañez bailando con los pasillos de quien nunca aprendió a bailar, pero feliz de su música y seguro de estar conquistando el mundo. Se apaga su luz cuando había alcanzado "son age d'or"

Su obra quedó para la Historia de la música popular cubana grabada en el corazón de todas las personas que tuvieron el privilegio de conocerlo o escucharlo. Fue sepultado en el cementerio del poblado de Candelaria en Pinar del Río con honores y rodeado de una multitud de adoradores.

Con el sacrificio de su propia existencia, Montañez certificó, irónicamente, la validez de una máxima suya que aparece en una de sus piezas más populares: la vida es una ruleta, y hay que seguir jugando. No hay equívocos, alguien que no se olvida con facilidad.

Una vez más, un ídolo muere sin aviso, cuando apenas si se aproximaba al otoño de su vida y una vez más, la gente demuestra que no está preparada para aceptarlo. La muerte inesperada de Polo Montañez, uno de los cantantes más populares de Cuba, ha dejado a los isleños sin aliento. Ese hombre cuya alegría de vivir era desbordante. Además de componer y cantar canciones inspiradas en el amor y los conflictos de la vida, Montañez lo hacía con naturalidad y ternura. Era el mismo campesino silvestre si almorzaba en familia o si grababa en un estudio ante un montón de desconocidos. Así se comportó durante los tres años que duró su vertiginosa fama, y eso, en la psicología de las multitudes, es una cualidad bendita.

Este devoto de San Lázaro[33] era residente en Pinar del Río, 146 kilómetros al este de La Habana, alcanzó la cúspide de los aplausos con rapidez asombrosa, y poco después en Cuba, donde llegó a ser el intérprete más escuchado. Nunca visitó una academia, no aprendió a escribir música, lo cual lo diferenció de la mayoría de sus colegas en Cuba, pero era como un rey en el trono. Claro la academia limpia, fija y da esplendor me dijo recientemente un reputado filólogo.

Su cadáver fue sepultado en el cementerio de Candelaria, acompañado de sus familiares, de su esposa con el rostro de profundo dolor, por su pueblo y por el Ministro de Cultura, Abel Prieto, quien estaba visiblemente emocionado. Ante uno de los periodistas el Ministro de Cultura expreso: "Un artista que se hallaba en su plenitud y unía a su talento una profunda condición humana. Ha sido una tragedia, fue una persona que en muy poco tiempo se echó en el bolsillo a este pueblo". Los máximos dirigentes de la nación, Comandante en Jefe, Fidel Castro y el General de Ejercito, Raúl Castro, se unieron al dolor popular y enviaron sendas coronas, para testimoniar su aprecio y el del pueblo cubano por el fallecido ídolo. Muchas flores, expresiones de admiración y respeto convergieron allí, para dejar constancia del dolor por la perdida física de Polo.

---

[33] Mito de salud, de bondad y misericordioso. Venerado por católicos y por los creyentes de las religiones africanas, sobre la base de que lleva el bien a los seres humanos.

Esa irrupción sorpresiva y, a la vez, contundente en la cresta de la ola de la música cubana, y su incesante expansión internacional, se hizo acompañar por una especie de velo legendario, que alimentó la fábula de un guajiro, que logró encantar al mundo con una música sencilla y conmovedora, dijo el periodista Pedro de la Hoz[34].

Una embajada cultural se encontraba en México, cuando fallece el Guajiro Natural y el director artístico de "La Ola Cubana"[35] y amigo de Polo Montañez, Amaury Pérez, expresó su sentir por la muerte del músico isleño.
"Los cubanos están conmocionados. Nosotros no teníamos esperanzas de que se salvara por el estado crítico en el que se encontraba. Tuvo un golpe craneal muy fuerte, que le provocó fracturas y pérdidas de tejido encefálico, además de que pudo haber quedado sin un ojo.
"Estamos tristes y le dedicamos La Ola Cubana a su memoria y a su alegría. Sé que el pueblo cubano esta de luto porque lo amaba, porque se dio a querer. Lo que menos necesita un pueblo es que lo hagan llorar, pero hoy Cuba está llorando."
El famoso Compay Segundo señaló lo siguiente sobre este trágico suceso: "Recordó la visita que realizó al músico semanas antes de la volcadura y donde, casualmente, le recomendó que se cuidara.
"Lamento mucho la muerte de Polo. Estuve en su casa y recuerdo que le deseé triunfo y le dije: ¡Estás en lo alto, cuídate! Cuando me enteré que le había pasado un accidente me sorprendió y cooperé económicamente, porque era un gran amigo."
El periódico El Universal de México publicaba el siguiente titular, en esa ocasión:

---

[34] de la Hoz, Pedro. Periódico Granma. Articulo titulado, **Se nos ha ido Polo Montañez**

[35] Se denomina el espectáculo que por vez primera permitirá escuchar y ver sobre un mismo escenario a artistas y agrupaciones representativas de los géneros y estilos que identifican a la música de la mayor de las Antillas, en el contexto de la Feria del Libro, en Guadalajara.

Brindan a Polo Montañez recital de "La Ola Cubana".

El escenario del Auditorio Nacional reunió a 13 artistas de la isla que conquistaron al público con sus ritmos e interpretaciones

Un show lleno de ritmos, luces, sabor y agradecimiento al fallecido Polo Montañez, se presentó en el recital La Ola Cubana , espectáculo que ofreció una agradable velada al público que asistió al Auditorio Nacional la noche del miércoles. "Aunque ya no estés con nosotros te llevamos dentro, porque la amistad y el cariño son eternos" fue el mensaje que se proyectó con un video del fallecido Montañez, seguido por una largo aplauso del público, momento emotivo que dio inició al concierto[36]
Para la mayoría de los cubanos, la consternación popular que provocó el fallecimiento de Montañez es sólo comparable en Cuba con la que siguió al del gran e inolvidable Benny Moré, en febrero de 1963.

Polo estaba por iniciar una extensa gira al lado de Compay Segundo y Eliades Ochoa entre otros, que incluía la visita a México, Guadalajara y Monterrey dentro del Festival Ola Cubana que arrancó el pasado 27 de noviembre en el Auditorio Nacional, según publicó el diario "El Universal". La vida lo sorprendió en pleno Olimpo, cuando planeaba presentarse con dos grandes de la música cubana. A esa altura de la vida, ya el artista brillaba en todo su esplendor. Sorpresas que da la vida, como diría Rubén Blades.

Nos comentaba el exembajador de Cuba en Colombia, José Pérez Novoa que, cuando falleció Polo Montañez, las emisoras radiales colombianas se pusieron en cadena, para trasmitir su música y de esa forma, rendirle un homenaje. Polo Montañez era muy querido en dicho país, quien en popularidad llegó a situarse después de Celina Gonzalez y

---

[36] Elizabeth Hernández. Periódico El Universal de México. Viernes 29 de noviembre de 2002.

Reutilio, los músicos isleños más queridos. En Colombia la música cubana es altamente apreciada y además de los ya mencionados, allí gustan mucho, Omara Portuondo, la Sonora Matancera, la Original de Manzanillo, la orquesta Aragón y existe una larga tradición de varias décadas de escuchar y bailar los ritmos cubanos.

Estos comentarios en Internet son muy ilustrativos de los sentimientos despertados por Polo Montañez, en Colombia y otros países:
Como, además, era cálido, tocable y simpático, se robó el corazón de los colombianos. Nació con la música en la sangre, con el raro don de componer, pero por esas cosas de la timidez, de la falta de oportunidades y de dinero, casi se queda cantándoles a sus guajiros naturales.
Que Dios tenga en su gloria a este gran hombre, bendita su voz haciendo la gran descripción de mi hermosa, preciosas y generosa tierra.
Bien, Polo Dios te tenga en su reino, grande cantante y tu cubita, la bella cubtia se kiere aki!!!
@jorlocuba así es CUBA Y COLOMBIA hermanas desde siempre ... y POLO es y será un lindo ejemplo de lo que nos une ....
Que grande POLO
Ah Dios Bendiga a Colombia, Cuba y a toda América Latina...Saludos desde Argentina!
Ay , polito , te marchaste de cuerpo pero no de alma, gracias cuba por parir tanto talento; de verdad que es la "madre del son", la que inició todo esto de la rumba latina ,gracias Puerto Rico por ser la alumna aventajada...y Nueva York por su grandioso aporte, gracias Colombia por su música variada y festiva...
El Gran Polo Montañez, Orgullo Cubano que siempre será querido en esa gran tierra que se llama Colombia...Polo tus canciones nos cambió la vida...siempre te recordaremos y le damos las gracias al todopoderoso por la oportunidad de vivir tu música... El día que te fuiste Colombia entera lloró.....Pero eres recordado diariamente porque tus éxitos no se dejan de escuchar en la Costa Atlántica...Que Dios te tenga en su Gloria.

Me agrada la música de Polo Montañez, aunque hace poco la conozco sus letras están llenas de una ternura que pocas veces se escuchan en las canciones de ahora, es lamentable que este talento nos dejara tan pronto; pero queda su música para enamorar... gracias Polo donde estes y Dios te coloque donde tengas que estar.

"Es un hombre simple especial" dice su representante Raúl Damas y expresa que "Hacia falta un Polo y ahí está, ya Polo había alcanzado su madurez como compositor e introdujo elementos novedosos, por lo menos con una vigencia y autenticidad en el contexto de nuestra nacionalidad sobre e identidad cultural. Su obra tenia solidez"

El fallecido cantautor cubano Polo Montañez fue elegido "Artista de 2002" en Cuba por el diario oficial Granma, un mes después de su muerte en un trágico accidente de tránsito. Con la desaparición física de Polo, pasa una página importante de nuestra cultura y su apasionante personalidad.

Epilogo

Las buenas obras hechas por
Hombre hay que respetarlas
Y enseñar a los demás que
Deben cuidarlas para hacer
Más hermosas sus vidas.

Su nombre figura en el panorama musical bailable de Cuba, con letras de oro. El son recobraba vigor, de la mano de Polo Montañez, ese fenómeno de la música contemporánea cubana. Efímera fue su constatación de la gloria, fugaz como las estrellas su paso por los encumbrados espacios reservados a las leyendas vivas de la música. Estaba muy lejos de parecer una figura de la farándula, con su perenne sombrero y sus grandes manos y muy alejado de las frivolidades. Con el sombrero tradicional de paja en su cabeza, de rasgos marcados por los rudos trabajos del campo, las manos anchas y fuertes y la mirada bondadosa de los tímidos. Su poética satisface las aspiraciones y gustos del cubano, al componer canciones que le dicen algo. Jamás ha abandonado nuestras raíces y por el contrario, las ha regado con su savia. Esta alma pura tenía una extraordinaria pasión por su tierra y por su Patria.

De la lectura de las páginas anteriores se colige que, Polo Montañez, por su origen, tuvo que batallar muy fuerte para alcanzar el lugar cimero que logró, en el panorama musical cubano.

Hay un ángulo de su carácter que es preciso subrayar y es que Polo no se rendía ante las adversidades. Era un árbol de madera dura. Asimismo le gustaba ir al grano de las cosas, sin rodeos o subterfugios y era una persona educada que se comportaba cortésmente. De entereza de las más firmes y de vida de las más generosas de nuestros tiempos. En su trayectoria no hay peros que valga y vivió la vida con mucha entrega. Se concentraba en lo que estaba haciendo y no paraba mientes en ir al fondo de las cosas. Mostró, a lo largo de su existencia, una gran fe en si mismo. Y a todo su quehacer le imprimía una pasión tremenda, aunque ello no afectaba su carácter jovial y la broma oportuna.

Fiel hasta las últimas consecuencias, la prensa nos traía la siguiente información y cito: "En los tres años que duró la euforia de su presencia, Montañez apenas se preocupó de sus modales campesinos. Comía sin respetar leyes de conducta en la mesa, entraba al estudio con la camisa estrujada, recién salida de un bolso de viaje, no le importaba el largo de su blue-*jean.* Con esa forma natural y desenfadada de comportarse en público, conquistó literalmente a los cubanos, que incluso celebraran cualquier dislate del cantautor durante una entrevista y posiblemente disfrutaban su rápido lenguaje de palabras cortadas y mal pronunciadas". Como diría ese gran personaje del programa humorístico "Deja que yo te cuente", Mentepollo, "a mi no se me ha subido la fama para la cabeza" y ese justamente fue Polo Montañez, un poeta de raigambre popular. Siguió siendo humilde, asequible, dado a ayudar a los amigos y vecinos. Ni la fama, ni el dinero, nada hicieron mellar sus sentimientos y por eso, fue y es querido en la zona donde vivió. Un ser con una dimensión humana tremenda: ni exento de errores ni escaso de virtudes. La vida enseña que a las personas hay que apreciarlas, por la obra realizada, por el aporte que han hecho a la sociedad.

No pasaba un dia, un minuto sin recordar alguna anécdota, una historia, una experiencia, gracia, algún tropezón o momento pesado ; pero todo lo concerniente a su pedazo de tierra pequeña, estaba presente en su vida cotidiana.

Y como diría el poeta Pablo Armando Fernández en su obra "Los Niños se despiden":
Y es el portal abriéndose
a la súbita noche de los
jardines, de la calle:
abriéndose a las
conversaciones, al saludo
fugaz de los que pasan, a
los gritos de los niños que
se despiden y recogen sus
libros, sus juguetes, una
camisa, un suéter, un
sombrero.

Esa persona descrita así por el poeta, es Polo Montañez, quien paseaba en bicicleta por las calles de Candelaria o se sentaba en un banco del parque para conversar con los vecinos y especialmente con los niños. ¡Cuanta ternura brindaba a los niños! Había una cierta timidez en aquel hombre que supo cosechar cariño en todos los que le conocieron. Por lo estudiado llego a la conclusión de que no era capaz de controlar sus pasiones.

Reflexionado sobre la admiración que provocaba en el público, algo que lógicamente agrada y necesita todo interprete señaló lo siguiente: "Llevamos unos años escuchando cosas sin adivinar qué dicen, procurando encontrar algo en el texto que nos guste y nada...son estribillos y frases hasta de cuatro minutos diciendo lo mismo. Y la gente, que tienen hambre de escuchar cosas que te digan algún mensaje, encuentra en mis canciones, como noveletas pequeñas que cuentan historias y se dicen: mira, escucha, eso a mi me pasó también: Creo que ese es un motivo". Polo Montañez hace una aguda crítica a algunas de las canciones de hoy por banales y al facilismo de ciertos compositores y creo que eso demuestra no solo sensibilidad, sino también un profundo conocimiento de la psicología y los gustos y necesidades de la población cubana. Hay una recurrencia temática en su obra llamada: amor. Es evidente la universalidad de la música cubana y Polo contribuyó a su conocimiento y el arte es arma, proyecta y desarrolla.

Polo Montañez contribuyó a nuestra cultura, lo hizo humildemente, con una sonrisa en sus labios, pero sin saber la trascendencia de lo que hacia, como son muchas veces los aportes de los hombres del pueblo. Su obra tiene un hondo calado perdurable y promueve la atención sensible del espectador o del oyente. La cultura es uno de los factores determinantes que mueve la historia porque es esencial para la identidad humana. Y en el mundo y coyuntura histórica en que vivimos, la cultura es nuestro escudo protector. Difusor o promotor de la cultura nacional en el extranjero es una de las cosas trascendentes de este artista natural. Descollar en la Cuba de hoy, en ese mundo, no es nada fácil, cuando surgen cada día, nuevos valores en las diversas escuelas musicales nacidas con la Revolución. Era tan modesto que, no le daba importancia a su aporte al patrimonio musical cubano, lo suyo era sentir la música.

En su obra se reconoce una buena parte de la sociedad cubana de hoy. Es interesante que su arte invadió los espacios públicos y que dialogaba con los ciudadanos.

Vivió como dice la canción a su manera y así, confesó, que escribía décimas. No era un buen bailador; pero eso no es preocupante, pues habemos muchos con una gran pasión por la música y no sabemos menear adecuadamente el esqueleto. Hay hasta teorías de que todos los cubanos sabemos bailar; pero esas son cosas de personas que no han profundizado en los misterios del oído. En el crisol escénico su estilo es propio, no se parece a nadie, sino a si mismo y entre otras razones, por ello es inolvidable.

Ironías de la vida, porque cuando fallece él tenía planeado volver a vivir, donde lo había hecho cuando tenía 12 años de edad, tal era la necesidad que experimentaba de estar entre aquellas lomas queridas. Le gustaba oírlo todo, verlo, olerlo, gustarlo, sentirlo todo; pero no le atraía el ornamento. Soñaba con la mudada cerca del Brujito, en la finca el Cuzco, donde aprovechando que todo estaba tan tranquilo, pensaba crear nuevas obras y estar espiritualmente más a sus anchas. ¿Querría vivir allí donde el hombre no había afectado el tiempo de la naturaleza? Escuchar el sonido de los grillos, sentir el olor a tierra mojada con el rocio de la mañana y el frescor de los árboles. Respirar el aire puro y a la sombra de un árbol contar cuentos en flor. Y el hombre necesita respirar. A una persona también se le conoce por el lugar donde prefiere vivir. Fuera del escenario, en la vida real era una ser lleno de ternura, pero siempre a su manera. ¿Estaría luchando por conservar su mundo interior? ¿Estaría seducido o urgido de buscar un poco de soledad para la creación? Es evidente que deseaba escapar del mundanal ruido, ¿muestra de ternura en carácter tan fuerte? En dicho refugio dormiría tranquilo, tal vez no el sueño de los justos y como era su costumbre, se levantaría temprano y le llevaría una tacita de café a los suyos. En fin, nuestro compatriota era, como decía el poeta, polvo enamorado. Fue un hombre de su tiempo.

Su ex esposa Caridad dice que, cuando ella tenía un problema acudía a Polo, quien invariablemente siempre la ayudo. Por supuesto, ella como madre, no olvida que su hijo Crescencio aprendió de Polo a tocar guitarra y que este lo incluyo como integrante de su grupo musical. Parejo sentimiento encontramos en las otras compañeras de Polo; pero también en amigos, quienes se refieren a esa cualidad del hombre, de querer ayudar a todo el mundo. Estos hechos lo retratan en toda su dimensión humana e indican el hombre que fue. Siempre evidenció que los demás existían y asi lo testimonian sus relaciones con amigos y los integrantes de su grupo, a quienes respetaba y escuchaba.

Polo hablando sobre la mujer expresa que: "Es una cosa tan grande que no tiene comparación. Cuando se dice mujer se esta hablando de una cosa muy grande. Es lo máximo". Es infinito lo que cabe en la palabra, mujer. ¿Qué es el hombre sin amor?, pues nada. Poesía, guitarra y amor era algo infinito para él.

Le gustaba jugar domino y como muchos buenos criollos, le fascinaba poner con estruendo la ficha final, mientras sostenía en la mano, un aromático tabaco. Ese era su pasatiempo favorito y cuando lo hacia se distendía y su rostro era todo una sonrisa. Hasta en eso era puro cubano, porque dicho pasatiempo desde tiempos remotos se fue extendiendo por todo el país y en sus lugares más intrincados se juega y hace que el dios cromo se identifique con las risas de los ganadores.

Vivía en una pequeña vivienda, de dos cuartos y una salita. Hoy devenida Museo, donde se atesoran algunas pertenencias del artista, especialmente su guitarra y la marimbula original que usara para aprender a tocar dicho instrumento. También se conservan allí, la ropa que utilizaba cuando el mortal accidente y otros objetos de mucho valor histórico. Luís el hermano de Polo, es quien atiende celosamente la casa y brinda solicito cualquier información que ayude a ilustrar la vida del artista. Allí se encuentra un afiche firmado por Compay Segundo y dedicado al Guajiro Natural que dice: "Para mi amigo Polo", firmado Compay Segundo. Llama la atención que no hay ningún tipo de fruslerías, ni adornos, muestra de la sencillez de sus moradores y como dijera Benito Pérez

Galdós, en la novela Lo Prohibido, "se nos puede clasificar a los humanos por el hueco de nuestras viviendas, molde infalible de nuestras personas"

Foto

Su admiración por Compay Segundo, lo llevo a decir. "Yo que estoy gateando, tengo un gran orgullo de estar al lado de Compay Segundo" Este humilde pensamiento era también un testimonio del alto aprecio que sentía por uno de los más grandes músicos cubanos de todos los tiempos.

En su cuarto tenia una foto en colores, junto al Comandante de la Revolución Juan Almeida Bosque, otro pilar de la música criolla y el General de Cuerpo de Ejercito, Leopoldo Cintras Frías. No hay constancia de lo que conversaron en esa ocasión; pero por lo risueño de los rostros seguramente que estaban felices con el intercambio. El solo hecho de conservar aquella foto, entre los objetos más preciados de Polo, es un testimonio de lo que significo aquel memorable encuentro para él.

Construyo su entorno a su manera, como era de esperar, en una persona con una personalidad tan acusada. Atrás quedan los pecadillos bíblicos, pues nadie es perfecto y unos más que otros, todos tenemos nuestras luces y sombras. Trabajaba sin tiempo volcado en la música, que ya constituía parte de su existencia.

La casa Museo, guarda otro patrimonio de mucha importancia, algunas reflexiones hechas por el artista en diferentes momentos de su vida y siempre, a su manera:

Que orgullo para el poeta
que viva en un pueblecito
el más aseado y bonito
que existe en este planeta
por eso hago estas letras
con ortografía escasa,
mientras más ligero pasa

el tiempo que va corriendo
más lindo se va poniendo
el pueblo de "Las Terrazas".

"Las Terrazas", comunidad unida a su vida, pues no solo la vio crecer, sino que él creció en ella. Allí surgió, creció artísticamente, conoció a su promotor internacional, compuso, descansó y vivió amado por sus habitantes. Ahora es un poema profundo, pues en su sencillez Polo reconoce su escasa ortografía y su amor por quien fuera generoso, para con él.

"Si no hay público, me pongo triste"

"Si no canto que es mi nuevo oficio, no soy nadie. Sin la música siento que me falta todo...hasta el aire"

"de afición me hice tipógrafo haciendo terrazas y carreteras. Integré una brigada de 24 hombres para hacer terrazas" Quiero con ello decir que, Polo es fundador del movimiento de construcción de terrazas, para lograr reforestar una zona, que otrora fuera desvastada, por la producción de café.

"El Señor Son no me falta porque es el tronco fundamental, aunque haya síntesis de Bachata, de bolero o de guaracha... Lo que cultivo me sale del alma"

"Ahora sucederá algo nuevo...que un artista famoso... en ves de coger para la Habana va más para atrás, para el monte otra vez"

"tengo el cerebro fresco y natural como el río San Juan...el que mojó mi niñez un millón de veces"

Sobre su conjunto final dijo: "somos ocho y casi todos familia. ¿Renovarlo? ¡Que va! Ellos son parte de mi y a pesar de que ninguno es graduado estamos bien acoplados" Tenia un sentimiento raigal de la familia y en cobijarla se identificaba. Un campesino diría aquel adagio, "la cabra siempre tira para el monte".

¿Qué hace en un día normal el cazurro Polo Montañez? "Lo menos que hago es estar en casa. Soy muy caminante y me gusta salir y ver lo que está pasando con la gente. Me voy para San Cristóbal y para dar tres pasos me demoro muchísimo saludando a la gente. Me paso horas para llegar a un lugar, porque a mi me gusta también enterarme de lo que pasa. Si alguien va a la casa me aguanto". Decía un músico de las Terrazas que, "Polo era una persona muy especial y uno lo podía ver en San Cristobal visitando las escuelas y llevándoles libretas, lápices y otras cosas a los niños. Lo mismo hacia si sabia que un amigo no tenia radio y si se le rompía el televisor. Era una persona desprendida y amante de ayudar al prójimo". Ser consecuente consigo mismo, con sus ideas, con sus sentimientos, era una forma de sentirse feliz.

Era un amante del apóstol de nuestra independencia, José Marti y dijo que era la poesía infinita. Como todo cubano que se precia de serlo y sentirlo, llevó a Marti en su espíritu y le dedicó una de sus obras, por lo tanto fue fiel a la máxima, "hacer es la mejor manera de decir". Y en su largo y hondo caminar le compuso una obra.

Falta decir que Polo Montañez también era aficionado al dominó, considerándose un maestro en esas lides. Se emocionaba, tiraba la ficha en el tablero y si ganaba la partida, la risa era enorme. Así nos comportamos muchos compatriotas, en esas circunstancias, y nos esparcimos compartiendo con otras personas. Jolgorio a la cubana. Coleccionaba fosforeras y las contemplaba con detenimiento, tal vez recordando el lugar o la forma en que las había adquirido, como le sucede a todo coleccionista. Eso lo hacia en la paz del hogar, cuando deambulaba con los pies descalzos, que era su forma de descansar, como si su alma se desnudara a plenitud ante los avatares de la vida o si quisiera volver a la etapa de la niñez, cuando sin preocupaciones caminaba sin zapatos por aquellas lomas natales. No hubo, a lo largo de su vida artística, el menor asomo de petulancia. Eso si, necesitaba de la perpetua actividad para apacentar su espíritu inquieto, porque era un hiperquinético. Y no podía estar tranquilo ni un instante, siempre tenía que estar haciendo algo.

Sentía orgullo que le dijeran guajiro y mientras fumaba un tabaco, como muchos oriundos de la comarca, pensaba, reflexionaba y comenzaba a darle forma a alguna nueva obra musical. Se relajaba con una taza de café o una cerveza cristal bien fría que tomaba sentado en un taburete en el portal de su casa, frente al paradisíaco lago. En ocasiones le gustaba pararse en la ventana de la casa y allí se extasiaba contemplando el paisaje, oteando el horizonte, fumando y pensando. Le gustaba la música del silencio. Al aire libre se sentía a sus anchas, respiraba y pensaba. Para él esa era la vida autentica, la que corre silenciosa debajo de la mascara, como diría José Marti. Algunos escritores han señalado que han necesitado tiempo para pensar, en medio del aburrimiento o del tedio o hasta en la cocina, como diría Sor Juana Inés de la Cruz, es decir en la cocina del tiempo y Polo Montañez precisaba del entorno anteriormente señalado, para inhalar, tal vez, energía espiritual, la que después volcaría en su trabajo. ¿Cuántas piezas habrá compuesto desde el paradisíaco lugar? Asi se encontraba a si mismo y se sentía más pleno, para realizar su obra.

Era y continúa siendo muy admirado en su natal Pinar del Río; y en los locales de la televisión provincial, se mantiene una exposición permanente del artista, para preservarlo como un símbolo de ese terruño.

Hay que decir, para ser justos y sin tintes apologéticos que Polo o Fernando, no eran amigos del dios Crono y eso hacia que las horas, no tuviera para ellos, el mismo significado, lo que indudablemente influía en su organización y por tanto, en la de los demás. Dominado por las pasiones y los apetitos. En varias ocasiones, la propia madre le pidió que se cuidara de Baco, por las consecuencias que le podía traer. Las madres siempre protegiendo a los hijos de desaciertos y majaderías, y buscando lo que consideran que es lo mejor para ellos. Tenía amor por el panteón de la mitología griega. Todos los seres humanos tenemos nuestro "talón de Aquiles" y esos son los que acompañaron a nuestro artista, haciéndolo, temperamental y hasta un tanto explosivo. Dado a guiarse más por las emociones y la bohemia y no hablo del famoso semanario, sino de la vida.

Su representante Raúl Antonio Damas del Llano ha dicho que, "Mucha gente cree que Polo era un cumbanchero, que le gustaban las fiestas en todo momento, sin embargo, era muy organizado, comunicativo y exigente en su trabajo[37]" La vida nos enseña, una vez más que, no debemos enjuiciar a nadie por las apariencias y que es preciso ahondar en el quehacer de los seres humanos, antes de emitir cualquier criterio. Siempre hay que tener presente las preocupaciones más acuciantes en los periodos decisivos de la vida del ser humano y esto nos hace recordar aquella frase de Ortega y Gasset, el hombre y sus circunstancias.

En ese tiempo, vivía satisfecho de haber renunciado para siempre a manejar un tractor, uno de los oficios que lo marcaron, todo sudoroso y aspirando el olor de la tierra revuelta, aunque se ufanaba de ser un campesino triunfador, sí porque nunca lo venció la inercia y viajó con luz propia. Siempre gozoso de contemplar el espectáculo del cielo estrellado y de los misterios de la naturaleza. Ante portentos así, cabría aquello que muchos pensadores han meditado, ¿Se pudiera detener el tiempo y hacer que esos seres humanos sean eternos? O mejor ¿Cómo hacer para que las obras que nos fascinan sean eternas? Esto último si se encuentra en nuestras manos y debemos hacerlo, empleando los medios que las Instituciones artísticas tiene en sus manos.

¡Qué humanidad la de Polo! El hombre que en fase ascendente dedicaba tiempo para ir a una escuela y llevar lápices y libretas para los niños, en su San Cristobal. Y esa actitud es una evidencia de lo elevado de su alma. El hombre que abandonaba una grabación y se iba para las Terrazas, el hombre que dijo que en lugar de ir a vivir a la

---

[37] Fernando Diaz Martinez. Poli Montañez. Editorial Letras Cubanas, Habana, 2004. Pag. 51.

capital quería tener su casa en medio de las lomas que lo vio crecer. ¡Cuánta belleza encierra esa eticidad! Así fue creciendo la imagen de un campesino natural. Tenía, sin dudas, un gran sentido de pertenencia. Es evidente que estamos ante un criollo de raigal esencia.

Lo anterior hace recodar al poeta Mario Benedetti cuando dijera: "Me gusta la gente que vibra, que no hay que empujarla, que no hay que decirle que haga las cosas, sino que sabe lo que hay que hacer y que lo hace. La gente que cultiva sus sueños hasta que esos sueños se apoderan de su propia realidad"

La simpatía, el carisma, la sensibilidad humana, la voz, singular y melodiosa, unido a la sencillez, a la espontaneidad y musicalidad de sus temas, todos pegajosos y de fácil tarareo, se suman a la personalidad asequible y familiar del cantante. Huía de la monotonía, como de algo que afectaba el espíritu, es decir se podía decir que era una persona en movimiento constante. Era un verdadero creador, volcán en erupción, lo que se apreciaba en sus gestos, en la manera de hablar siempre viva, apasionada e impetuosa. Era una suerte de poeta de la montaña, un poeta escapado de sí mismo, según otros. Todas esas cualidades las resumió en una canción, el lenguaje que la vida le dio para expresarse mejor:

«Soy un guajiro natural que viene del monte cimarrón, sé mi condición, sé de dónde vengo, vengo de los bueyes que empujan la carreta, huelo a carbón y caña de azúcar».

Como por arte de magia, por él, indiscutiblemente hablan los hechos. Ya Polo Montañez es toda una leyenda, se ha ido dejando su impronta en la Patria que lo vio nacer. Fue el cubano que quiso ser.

Polo Montañez, fallecido en años recientes, sobresale en la primera galería de cera inaugurada en la emblemática ciudad de Bayamo. Es éste un digno homenaje a Polo Montañez, pero también indica el enorme aprecio que se granjeo en el pueblo[38] Allí se puede encontrar al Guajiro natural, al lado de otros grandes que han contribuido a forjar nuestra identidad nacional.

El fallecido cantante Polo Montañez fue uno de los cubanos nominados al premio Grammy, en el año 2003[39]. Merecido reconocimiento a su corta y brillante carrera artística. No es nada fácil para un cubano ser nominado a un Grammy, por obvias razones políticas, en el actual contexto de las relaciones Cuba- Estados Unidos y Polo lo logró, gracias a su innegable talento. Para ello, hay que reunir varios requisitos y un Comité decide en última instancia, lo que tiene mucho relieve en la vida de un artista, tomando en consideración la importancia que ello tiene desde el punto de vista publicitario.

Surgido como un luminoso meteoro en el paisaje musical cubano, y al decir de Ciro Benemelis[40], "la música es la columna vertebral de nuestra cultura", Polo Montañez llego al sitial de los grandes, al Olimpo. A la cima llego sin buscar la notoriedad, sin vanidades. Pero mantenía la vista puesta hacia el futuro para continuar creciendo.

---

[38] la Agencia de Información Nacional (AIN).

[39] Diccionario Enciclopédico de la Muisca Cubana. Tomo II de Radamés Giro.

[40] Presidente Fundador del Festival Cubadisco.

Discografía

La música es como la poesía,
imágenes, muchas imágenes, no se
música de simples notas, sino de la
expresión que cada cual le ponga a
ellas.
Richard Egües[41]

La brevedad de su quehacer artístico no permitió que hoy tuviéramos una gama más amplia de la producción de lo que Polo Montañez llevaba dentro. Su música es agua de manantial de la cordillera de Santa Maria del Rosario, en la que utiliza códigos muy particulares, enraizados en nuestros valores tradicionales.

Guajiro Natural - CD Lusáfrica 362202, 2000
Guitarra mía - CD Lusáfrica 362502, 2002
Memoria - CD Lusáfrica 462222, 2004
El Guajiro - DVD Lusáfrica 462438, 2005

Para grabar estos discos el grupo decidió cambiar de nombre y se auto denominó, Grupo Polo Montañez. Dirige al grupo cantando. Si lo hace sencillamente cantando así: su grupo sigue el timbre de su voz, lo que es luminosamente mágico y el oyente se concentra nada más que en los sonidos.

Su éxito que marcó más en su historia fue la canción llamada, "Un montón de estrellas" demostrando su influencia y su amor por quien le había marcado su corazón. Fue el éxito que más sonó en todas las localidades de Cuba y toda América Latina. Al irse como las estrellas, y unirse a las que nos observan desde el firmamento, nos dejó una pequeña, pero enjundiosa producción discográfica. A la edad de 44 años, su fecunda creatividad hizo que contara con más de 106 composiciones que logró memorizar espectacularmente tanto en letra como en música, escritas de forma autodidacta, pues no tiene

[41] Flautista de renombre. Compositor excepcional y un músico de altos kilates. Baluarte de la Orquesta Aragón.

ninguna formación profesional ni conocimientos musicales académicos que, no sean los que aprendió al escuchar los sonidos del monte. Muchas composiciones fueron guardadas celosamente en una gaveta porque no los consideraba de valor, lo que demuestra que el hombre ama, preferentemente, lo que crea. Así era Polo inconforme con la primera inspiración o preciosista a la hora de dar a conocer una obra. Sus composiciones abordan temas sobre sucesos personales o ajenos impregnados de elementos campesinos: La yunta de buey, el olor del carbón, el aroma del batey. Quiere ello decir también que, el compositor estudiaba y maduraba su obra. La música, como cualquier otro discurso, está no sólo inserta en la realidad, sino que es un modo de construir, conocer y atravesar esa realidad. Su fama en nuestra historia musical esta adherida como la hiedra a la pared. Pero encontramos que el contexto en el que vive y compone, en un pueblito rodeado de bosques y montañas, con casas de tejas rojas, blancas paredes y ventanas donde abundan las flores, le permite crear a tono con lo que siempre fue su vida.

De las letras de sus composiciones apreciamos que canta a la naturaleza, al dolor, a las batallas perdidas; pero en general canta al amor y refleja momentos complejos, gozosos, puntuales y aciagos de su vida amorosa. Canta a la belleza de la mujer y a sus aventuras y desventuras. Hay dos piezas: "Pueblo Mío y Guitarra Mia", que hacen pensar que en algún momento de su rica existencia escuchó detenidamente al italiano Nicola Di Bari. Su sentido patriótico lo lleva a componer una obra que es un homenaje al maestro y guía espiritual de la nación cubana, a José Martí. Lo anterior también lo vemos cuando, haciendo una excepción en su práctica de solo tener en su repertorio, las obras creadas por él, incluye del héroe Antonio Guerrero, "Regresaré". Me detengo en una canción que revela los sentimientos de gratitud del artista hacia el país, donde descolló su talento: Colombia, al escucharla con atención uno se percata que ese país caló muy hondo en su corazón. Su producción fue desbordante, porque tenía muchas cosas que decir. El artista no tiene otra alternativa que hablar de lo que ve, lo que le rodea, de lo que siente, de sus vivencias, pero con mirada propia y con los códigos adecuados.

En una oportunidad, estando en Colombia Polo Montañez declara que: "Estoy componiendo desde los 12 años, he tenido esa facilidad de palabras por suerte, porque no soy estudiado. Todo es natural, al oído, como se dice aquí, en Cuba. Al oído, sin escuela académica, yo canto, los músicos me siguen la voz"

Justamente reflexionando sobre sus composiciones expuso: "Muchas de mis composiciones son vivencias, la musa es como un infarto que te coge dondequiera y entonces uno la aprovecha. Ninguno de nosotros, se refiere, su grupo, estudió música y todo es de oído. Ensayo de la manera más natural del mundo; pero muy fácil: yo sigo la melodía con la boca o con el instrumento y ellos me siguen el timbre ese y nos acoplamos poco a poco hasta que sale la canción. Me enviaron a muchas personas a darme recursos, pero cuando llegaron, ellos dijeron que no era necesario, que me iban a echar a perder, que me dejarían así. Sergio Vitier[42] fue uno y otro que fue guitarrista de Pablo Milanes, Dijeron que lo que yo hacia estaba muy bien[43]"

¿Cómo componía? Ese es un gran misterio, no solo a Polo; sino también a muchos creadores, a quienes la musa los visita en cualquier momento. Es decir él podía componer en la casa del lago, manejando por la carretera, al observar a una persona o ante un acontecimiento inesperado. Lo que es evidente es que tenía una conciencia estética muy particular. Contemplar la caída de la tarde, cuando el sol pugna por desaparecer y cederle su lugar a la Luna, se convirtió en un ritual para él e inspirado en esa atmósfera también componía y asi perdía la noción del tiempo. Entre su espíritu y la naturaleza había una dialéctica efectiva. Asi se producían chispazos, resplandores en su cerebro. Este hecho creativo realmente es algo que impresiona y el creador es alguien que muchas veces es presa de una fiebre que lo lleva a captar una palabra, una frase o una

[42] Guitarrista y compositor. Uno de los mas prolijos creadores musicales del cine y televisión cubanos.
[43] Entrevista concedida a Zenia Regalado y Edmundo Alemany, Juventud Rebelde, del 29-3-2001.

foto instantánea, sin ser fotógrafo, para redondear una estrofa. Asi era Polo Montañez un verdadero ejemplo vivo de lo que Alejo Carpentier llamó "Lo real maravilloso"

Este autentico músico, confiesa que ha compuesto, en su andar interior, una canción en veinte minutos y en otras oportunidades han pasado seis meses sin poder escribir una obra. Usa el bello lenguaje de la poesía y muy humildemente reconoce que ha compuesto unas 120 obras con estilo y códigos propios. Y dijo: Me encanta cantarle al amor, a la naturaleza, a las cosas lindas. Lo mismo canto bolero, cumbia, guaracha; pero el género que más le gusta es la bachata. Y explica que él no se puede definir como sonero, bolerista o intérprete de bachatas, pues todo lo hace al estilo Polo Montañez. Cuando trabajaba entraba en una especie de éxtasis donde ya no existe el cansancio y sólo le queda el placer. Sus pensamientos en soliloquios estaban centrados en nuevos canciones que bullían en su espíritu. Cuando ensayaba el grupo, era como una colmena en plena ebullición, pues el director le imprimía su energía y consagración. La comunicación es muy necesaria para que marche de forma cohesionada un grupo musical. Hizo que sus sueños llegaran a todos.

Ahora bien, en sus canciones se aprecian las relaciones del hombre y la mujer, del amor y las traiciones. Se aprecia que una de las características de su personalidad era la inconformidad de cuanto hacia, siempre quería la perfección de sus creaciones. Se dejaba llevar por la intuición. Sus intérpretes y compositores preferidos son: Juan Luis Guerra, Álvaro Torres, Carlos Vives (amaba mucho el ballenato que interpretaba este músico), el grupo Niche de Colombia, Cándido Fabré y Liuba Maria Hevia. Pero lo cierto es que tenía una afición muy grande por el Septeto nacional Ignacio Piñeiro, la Orquesta Sublime, el Trío Matamoros, Ñico Saquito, en fin los grandes creadores de la música cubana.

Hasta 1995 no canta sus composiciones en público, pues no confiaba en ellas, en la calidad de las mismas. No sabía lo que había creado. Esas piezas las reservaba para los momentos en que bebía ron y se encontraba entre un grupo de amigos. Un conjunto de ruegos y de circunstancias le hicieron desistir de su actitud y al fin comprendió que guardaba un tesoro musical y asi llega a devenir, un baluarte de nuestra música. Se debatía entre los sueños y la realidades, entre canciones aceptables y otras que no decían nada, después de vigilas escribiéndolas, pero oyó la voz de quien ha hecho algo con el corazón y se decidió a darlas a conocer.

Los integrantes de su grupo han dicho que la primera grabación que hicieron fue un verdadero espectáculo, pues no tenían ni donde dormir, ya que los recursos económicos eran escasos. Polo se divertía con todo aquello y solía hacer chistes; pero fue capaz de seguir cada uno de los detalles del proceso y de unificar a todos detrás de un objetivo, el éxito. Era infatigable en laborar para alcanzar las metas que se proponía. Brújula en un mar borrascoso. Seguro en sus opiniones y con una voluntad muy firme de querer llegar a su objetivo, como la del mar batiendo los arrecifes. Cuando concluyeron la alegría fue inmensa y marcharon todos hacia "Las Terrazas" y la fiesta no se hizo esperar, allí celebraron el triunfo y el jolgorio devino guateque campesino. Él tenia la conciencia de ser cubano y la voluntad de quererlo ser y se reconocía en la historia Patria. Se sintió satisfecho con si mismo y con su vida, quiere decir que encontró su felicidad interior o cómo dicen algunos, se realizó. La obra de Polo Montañez prolonga en el tiempo y en el espacio, su existencia. El impacto educativo de las letras de sus canciones es grande.

Piezas como Amaneceré el nuevo año, Guajiro natural y Si se enamorara de mi, lo hicieron ganar popularidad en Cuba. Escuchar esa pieza nos ayuda a entender la cuna del compositor, los problemas o penurias que tantas veces impulsaron su creatividad, la necesidad de ser reconocido. El artista celebra la vida. Polo se mantiene en las preferencias populares y su música se sigue escuchando como el primer día. La creación es siempre un reto hermoso y necesario.

He leído que, Polo Montañez, con un formato sumamente austero, arrasó gracias a que el sello Lusáfrica fue muy inteligente a la hora de manejarlo a nivel de medios de comunicación en Cuba, y la gente lo asimiló. Entonces, queda clarísimo que los que difunden tienen muchísima responsabilidad en lo que hoy acontece. Eso es cierto; pero él era muy buen intérprete. Nuestra vida se expande al escuchar sus canciones, que nos acercan a vivencias de otras personas, a las suyas. Él nos insufla energías y Don Fernando Ortiz dijo que, la cultura es energía.

Asistía a un cocktail diplomático y después de conversar un rato con el embajador de Burkina Faso, Daniel Ouedraogo, cuando abordamos el tema de la música cubana y de momento me empieza a hablar de su amor por la obra de Fernando Borrego Linares y sus apreciaciones: "Es un verdadero juglar que, escribió unas canciones que reflejan la vida del cubano, en muchos aspectos y su melodía llega al cerebro de las personas. Con frecuencia yo escucho su música, pues me dan mucha alegría las letras de varias de esas obras". Esto me ha dicho un embajador que lleva unos dos años en Cuba, pero que tiene un conocimiento bastante amplio de nuestros ritmos.

En fin, la vida sin música es como el planeta Tierra sin sol. ¿Verdad? Tornemos nuestros ojos hacia el pasado y veremos que los seres humanos precisan de ella, para una infinidad de ocasiones y estados anímicos.

Polo es un fenómeno raro en la música cubana. Totalmente auténtico... Con la particularidad de que removió el entorno musical cubano que para aquel entonces estaba dominado por la música bailable. Además provocó el resentimiento en algunos. Sus composiciones son sencillas y asumen lo mejor de la lírica campesina pero también de lo bucólico y lo juglaresco. Se puede decir que incursionó hondo en el alma de las capas más humildes de la sociedad cubana. No contó con sólido respaldo institucional hasta que fuera descubierto por el empresario José Da Silva

¿Por qué el pueblo acogió tan rápidamente la obra de Polo Montañez? La voracidad de la justicia nos hace decir que, en los inicios del nuevo milenio se escuchaba el regueton y otros ritmos, sin embargo, el pueblo sentía que las piezas compuestas o interpretadas por el Guajiro Natural, eran más próxima a sus gustos estéticos, aspiraciones espirituales y a sus raíces. Eso no se debe ni puede olvidarse, tanto por los creadores, como por los promotores culturales, pues dice de manera elocuente, lo que desea el cubano de hoy.

"En la historia de la música de habla hispana, cuando se vaya a hablar de la obra de creación de un cantor popular, invariablemente habrá que recurrir a Polo Montañez, por los planteamientos que él dejó no sólo desde el punto de vista literario, sino también -y fundamentalmente- desde el punto de vista musical."

"Polo dejó establecido, quizás una magia dentro de su magia, cómo es posible que un individuo viviendo tan alejado de la civilización, en una comunidad tan desarrollada, pero tan distante de la urbe, fue capaz de hacer confluir en un solo ritmo, todos los ritmos urbanos y de distantes latitudes."

"Ojalá los musicólogos se dediquen a investigar el fenómeno, y puedan aportarle a las futuras generaciones de músicos este conocimiento elemental, para que siga perdurando", concluyó la escritora, la periodista y compositora vueltabajera Marisol Ramírez Palacios, escritora del libro "Café amargo con salvia"

Para Gloria Torres, musicóloga y directora de programas de la Televisión Cubana, se ha estudiado poco la música de Polo y merece un análisis.

En entrevista exclusiva para el radio documental "Un canto de amor por Polo", señala: "Nadie se imagina la magnitud de esa obra, primero por sus letras, todo lo que decía era de una poesía y un lirismo incalculables, narraba cada pasaje de su vida con sus canciones; y por otra parte, su música. Las diferentes tendencias que él tomó de la música que le rodeaba, las elaboró e hizo un producto nuevo, maravilloso."

En el horóscopo, Polo era hijo de géminis y si leemos vemos que, son muy compasivos, generosos, fuertes. El más irresistible. Suele ser cortes, cariñoso, amable y generoso. Pero sus manos, encallecidas, mostraban la firmeza de su carácter. Asi era Polo, luz que surge de la tierra.

Cronología

1955. Nace Fernando Borrego Linares
1962. Ya había aprendido a tocar tumbadora y marimbula en el grupo musical "Los Mandulos"
1965. Asiste por primera vez a la escuela.
1967. Iba con el padre a las canturrias de la comarca.
1968. Compone una primera canción a una enamorada imaginaria.
1970. Crea el grupo musical "Marcha atrás". Es locutor de "Radio Vorágine". Trabaja en el grupo musical "renovación 75".
1972. Ya vivía en la recién creada Comunidad de las Terrazas. Contrae matrimonio con Caridad Pérez.
1973. Compuso una canción, titulada "Este tiempo feliz" Pasa el servicio militar obligatorio en la Habana.
1976. Integra el grupo musical "Los Pléyades", en Artemisa. Trabaja en el corte de caña del central azucarero, Juan de Dios, de Bahía Honda.
1980-81. Continúa trabajando en el corte de caña.
1983. Trabaja en la empresa pecuaria "Los Naranjos".
1985. Crea el grupo musical "Sorpresa", donde por primera vez es el cantante principal, guitarrista, director musical y arreglista.
1992. Muere en un accidente Liduvina Mendive Friol, esposa de Polo
1993. Se integra al grupo musical "Los Plegados". Organiza un grupo teatral para amenizar las tertulias de la comunidad.
1994. Se dedica por entero a la música. Crea el Septeto "Cantores del Rosario", interpretando en "Las Terrazas". Es evaluado como cantante profesional por el Centro Provincial de la Música, Miguelito Cuní.
1995. Se vincula al proyecto de la sala Teatro Ariel de San Cristobal, donde cantaba como solista.
1996. Fallece su mamá Lucrecia Linares.
1998. Conoce a Rodolfo Ulloa quien lo acompaña como pianista. Aparece por primera vez en un programa televisivo, "Mientras llega la noche" junto al conjunto

"Cantores del Rosario". Lester Campa financia la grabación de un cassette con música del grupo.
1999. Es descubierto por José Da Silva, ejecutivo de la firma disquera europea Lusáfrica. Alternaba su profesión con el trabajo en la empresa pecuaria de Cayajabo.
2000. Se lanza el disco "Guajiro Natural", el 14 de marzo y también "Guitarra Mia". Interpreta en la sala New Morning de Paris. El Hotel Nacional de Cuba le entrega el Premio de la Fidelidad.
2001. Visitó a Colombia en marzo del 2001, en lo que era prácticamente su primera salida de la isla. Viaja a Portugal, Bélgica, Holanda, Italia, Ecuador, Costa Rica, y también a México, interpretando en el Zócalo. Pasó a comandar las listas de éxitos de las radioemisoras del país con el tema **Un montón de estrellas**. Deviene una sensación en Cuba. Discuba le entrega la Distinción del Disco del año 2001. La Comunidad "Las Terrazas" le reconoce la ascendente, exitosa y criolla carrera artística de Polo y su grupo.
2002. Hace gira por las provincias cubanas auspiciada por el Instituto Cubano de la Música y la Agencia Nacional de Giras. Recibe diploma de reconocimiento por el disco "Guajiro Natural". Actúa en la Isla de la Juventud. Octubre se presenta en el Hurón Azul. Recibe el titulo de Huésped Ilustre de la Ciudad de Bayamo. El Partido y Gobierno Provincial de Ciego de Ávila le otorga un reconocimiento por su aporte a la música cubana. El 20 de noviembre se produce el accidente en el que es gravemente herido y fallece el 26, de ese mismo mes. Se lanza el disco Guitarra Mia. En el año 2002 dio un concierto magistral en la Ciudad de Holguín, en la parte moderna de la Ciudad, acudiendo más personas de las que los organizadores pensaron jamás. Polo Montañez fue elegido "Artista de 2002" en Cuba por el diario oficial Granma.
2004. Le otorgan, post mortem, el premio ASCAP, de Puerto Rico, por la composición "Un montón de estrellas"
2005. Le otorgan, post mortem, el premio ASCAP, de Nueva York, por la composición "Sombra Loca".

CANCIONERO

He aquí algunas de sus obras más emblemáticas, escritas con lapicero y guitarra en ristres; pero todas hechas con los pies y los oídos bien afincados a la tierra y en la vida cotidiana de los seres humanos, asi se ha adentrado en la liza de la historia musical cubana. Hay también, sin lugar a dudas, ternura y agudezas en estas obras:

UN MONTON DE ESTRELLAS

Yo no sé por qué razón cantarle a ella
Si debía aborrecerla
Con las fuerzas de mi corazón
Sin embargo no la borro totalmente
Ella siempre está presente como ahora en esta canción.
Incontables son las veces que he tratado
De olvidarla y no he logrado
Arrancarla un segundo de mi mente
Porque ella sabe todo mi pasado
Me conoce demasiado
Y es posible que de eso se aproveche.
Porque yo en el amor soy un idiota
Que ha sufrido mil derrotas
Que no tengo fuerzas para mantenerme
Pero ella casi siempre se aprovecha
Unas veces me desprecia
Y otras veces lo hace para entretenerme y es así,í,í,

Hoy recuerdo la canción que le hice un día
Y en el fondo no sabia, que eso era malo para mi
Poco a poco fui cayendo en un abismo
Siempre me pasó lo mismo
Nadie sabe lo que yo sufrí
Una victima total de sus antojos
Pero un día abrí los ojos
Y con rabia la arranqué de mi memoria
Poco a poco fui saliendo hacia delante
Y en los brazos de otra amante
Pude terminar al fin con esa historia.
Porque en el amor soy un idiota

Que ha sufrido mil derrotas
Que no tengo fuerzas para mantenerme
Y por eso ella siempre aprovechaba
Si algún día me besaba
Eso era solo para entretenerme y es asi, i,i,i,i.

(Coro) Todo fue asi, todo fue por ella.
Todo fue asi, todo fue por ella.
Yo la quería, yo la adoraba
Pero tenia que aborrecerla.

Como yo quise a esa mujer
Porque pensaba que ella era buena.

Yo era capaza de subir al cielo
Para bajarle un montón de estrellas

Un pajarito que iba volando
Yo lo cogía para complacerla.

Tanto se burló de mí
Que ahora no puedo verla.

UN BOLERO

Te voy hacer un bolero si llega la inspiración.
Para decir que te quiero en do, re, mi, fa y sol.
Voy a robarme una estrella, te la voy a regalar
Para que veas en ella toda la felicidad.

(Coro) Te voy hacer un bolero si llega la inspiración.

Una salsa es la que quiero pero en un tono mayor.
Te voy hacer un bolerito suave, así como tú lo sabes.
El romántico del mundo eso es lo que quiero yo.

(Coro) Do, re, mi, fa, sol
Te voy hacer un bolero
Si llega la inspiración.
Bien romántico lo quiero.

Te voy hacer un bolerito suave
Pero mamá, pero mamá es la que sabe.
Una música romántica
Con el do, re, mi, fa, sol.

SI SE ENAMORA DE MI

Si se enamora de mi sabe lo que pasaría
Seguramente que acabaría mi tranquilidad
Es imposible tener tanto amor a la misma vez
Si se enamora de mi yo no sé lo que va a pasar.

Si se enamoro también ya no seria sólo culpa de ella
Ya no tendría razón para decir que ya no estoy en na
Tremendo lío me iré a buscar
Cuando la gente comience a hablar
Si se enamora de mí ya yo no sé que va a pasar
Con mi tranquilidad.

Será mejor dejarla y olvidarme de ella
Mi corazón el pobre ya no aguanta más
Por eso voy a seguir así, mejor pensar que ni la conocí
Si se enamora de mi yo no sé que va a pasar
Con mi tranquilidad

(Coro) Si se enamora de mí, ella si se enamora.

Tanto tiempo sin amor y mira ahora, mira ahora.
Ya me enamoré una vez y aparecía a cualquier hora
Si algo me sale mal que le digo a mi señora
Si se enamora de mi, si se enamora.

SI FUERA MIA

En un cuarto azul pequeño
Una mujer se levanta
Y asomándose a través de la ventana
Sin decir una palabra

Recostándose a la almohada
Esperando tanto amor que le hace falta.
Por el brillo de sus ojos
A través de su mirada
Se le nota la necesidad de un beso
Y a la claridad del alba
Me provoca con su espalda
Apurando la mitad de mis besos.

Con los dedos de sus manos
Se abre surcos en el pelo
Como una criatura inofensiva
Y la observo cuando duerme
Su belleza transparente
Que la llega a comparar con una niña.
El ventilador de frente
Orgulloso la refresca
Siento envidia como el aire la despeina
Y sus labios casi rojos
Me van llenando de antojos
Y el delirio de poder estar con ella.

En un cuarto tan pequeño
Donde una mujer descansa
Y a la suave luz que regala la Luna
Dan deseos de tenerla, de cuidarla, de quererla.
Porque sé que como ella no hay ninguna.

QUIEN SERA

Estoy pensando que cuando te vayas
Quién me alegrará la casa
Quién me cuidará al dormir
Quién va a entender mis opiniones
Quién escucha mis canciones
Quién será que se parezca a ti.
Es muy difícil que aparezca otra
Con tu pelo con tu boca
Tu manera suave de sentir

Quién como tú adivina mis antojos
Quién me llenará los ojos
Quién será que sea así.
Estoy seguro que cuando tú faltes
No hallaré en ninguna parte
Quién me cuide como tú.
Seguramente no hallaré ninguna
Que me enseñe a ver la Luna
Que me guíe con su luz.
Es muy difícil que aparezca otra
Con tu pelo con tu boca
Tu manera suave de sentir
Quién como tú adivina mis antojos
Quién me llenará los ojos
Quién será que sea asi ou, o, o, o
Río Manzanares déjame pasar
Mira que mi novia linda
Me mandó a buscar y voy pa allá.

(Coro) Quién será o, o, quién será.
Quién adivina mis antojos
Quién me llenará los ojos.

Si a tu ventana llega una paloma
Déjala llegar.
Yo jamás sufrí, yo jamás lloré
Y ahora no voy a llorar.

Quién será la que me quiere a mí
Dónde estará, cuando vendrá.
Y tú, mi amigo Manzanares, déjala pasar.

Dónde estará

¿Dónde estará mi amorcito, dónde?
Si pudiera saber que la voy a tener
Aunque sea está noche.

Pero dónde, dime, dime será

Que mi amor se esconde.
Es la última vez que la voy a llamar
Aunque no me responde.
Yo no sé donde está
Ni en qué lugar yo la pudiera hallar
Sólo sé que se fue
Hasta ese día en que quiera ella volver a mí
Ese amor que se fue que ya no volverá
Si pudiera volar y estar con ella un minuto más
Y decirle despues que la amaría mucho más que ayer.
Si volviera a mí, para hacerme feliz
Pero dónde estará, yo no sé dónde estará.

Yo no sé, no sé, dónde estará.

Guajiro Natural

Aunque yo sea guajiro natural
Soy un guajiro normal que viene del monte cimarrón.
Soy un guajiro normal que viene del monte cimarrón.
Sé cual es mi posición yo sé cuál es mi lugar.

(Coro) Aunque yo sea guajiro natural no te equivoques.
Aunque yo sea guajiro natural no te equivoques
Vengo de la yunta de buey que tira del carretón.
Vengo de la yunta de buey que tira del carretón.
Traigo el olor a carbón y el aroma del batey.

(Coro) Aunque yo sea guajiro natural no te equivoques.
Aunque yo sea guajiro natural no te equivoques
Puedo montar un avión si me tengo que montar.
Puedo montar un avión si me tengo que montar.
Siempre voy a regresar, conmigo no hay confusión.

(Coro) Aunque yo sea guajiro natural no te equivoques.
Aunque yo sea guajiro natural no te equivoques
Me gusta como canta el zorzal en el monte.
Un guajiro natural, especial de allá
Del monte y qué.

Porque usted no me conoce, a mi no me conoce.
Que yo te puedo complicar, te puedo enredar la noche.
Porque te amarro con bejuco colorao que hay en el monte.
Me gusta como canta la paloma y el sinsote.

Conmigo qué, conmigo qué
Qué, qué, qué, qué, oye conmigo qué.
Mira, me sé la historia de Cuba mejor que usted.
Y puedo ir a caballo hasta donde vivió El Cucalambé[44].
Y si no hay caballo arranco y me voy a pie.
A que te pongo a bailar el tin Marín de dos pingüé.
Con cúcara mácara guajiro, guajirito es.
También te puedo enseñar un buen café.
A que eso no, a que nada de eso lo hace usted.
Conmigo qué, conmigo qué.

Sin dudas que esta es una de las obras musicales más importante de Polo Montañez, pues es su propia vida la reflejada en ella.

Mi Mejor Amiga

Se está acercando el día de decir adiós
Que triste debe ser la despedida
Se va a quedar el cielo sin color
Se va a quedar la Luna tan vacía
Se va a quedar tan triste la canción
Y el pobre corazón
se llenará de heridas
está llegando el día en que tú te vas
está llegando el fin de la alegría
y habrá que resignarse a soportar
la angustia y el dolor que se avecinan
regresará mi amiga soledad

---

[44] **Juan Cristobal Nápoles Fajardo, más conocido por el nombre del Cucalambé, nos continua iluminando en el 180 aniversario de su natalicio y con ello, nutriendo de su savia a la cultura nacional. El hombre que coloco a la ciudad de "Victoria de las Tunas", en la geografía cultural cubana. Al morir no era solo un decimista; sino un fecundo intelectual que supo evidenciar la cultura espiritual del pueblo cubano, parte fundamental de nuestra identidad**

que volverá a reinar para toda la vida.

Sé lo que me toca, me lo puedo imaginar
Será como una eterna pesadilla
Vendrán noches oscuras muy difíciles de alumbrar
Tendré que ver la habitación vacía
Habrá que conformarse con tu cuadro en la pared
Tomarse aquel café sin compañía
El mundo se transformara de pronto, yo lo sé
Pero asi es la vida.

Está llegando el día de decir chao, adiós.

Cómo será mañana

Espero con amor el nuevo día
Porque yo sé que la veré mañana
Se une el sentimiento y la alegría
Qué rara sensación, pero qué rara.
Me llama la atención tanto desvelo
Doy vueltas y más vueltas en la cama
El último cigarro está en el suelo
Que le hace compañía a la esperanza que ya perdí.

Me duele el corazón de tanta espera
No sé cómo ayudarlo en su pasión
Si tengo que esperar e que amanezca
Hundido tiernamente en su canción.
Cómo será mañana el nuevo día
Por qué tanta distancia entre los dos
Si ella forma parte de mi vida
Y yo soy quien se muere por su amor.

Silencio que mis penas están rendidas
Y yo cuento nervioso las estrellas
No sé por qué la Luna cuando brilla
Refleja a una mujer igual que ella.
Ya van a dar las tres y no he dormido
De nuevo me levanto y voy afuera

Por suerte que esta noche no ha llovido
Y puedo descansar sobre la hierba pensando en ti.

Me duele el corazón de tanta espera
Y busco mi refugio en su canción.

Colombia

Colombia, qué linda y buena
Bogotá, Santa Marta, Barranquilla y Cartagena.

Colombia me enamoré
De tu belleza infinita
Que el corazón me palpita y se me pone al revés
Lo cierto es que me llene
De encanto con tu hermosura
Te pareces tanto a Cuba
Que nuca te olvidaré.
Permíteme que te cante
Por lo bonita que eres
Sobre todo tus mujeres
Bellísima y elegantes.
Soy uno de esos cantantes
Que adora tus maravillas
Cantándole a Cartagena, Santa Marta y Barranquilla.

Me voy a quedar con ganas
Y con tremenda alegría
De regresar algún día
A esta tierra colombiana
Y cuando llegue mañana
Allá a mi Cubita buena
Recordare a Cartagena
Que es igualita a la Habana.

Amanece el nuevo año

Amanece y veo en el cielo
Una luz allá en lo alto
Me doy cuenta que hoy estamos a primero
Que acaba de empezar un nuevo año.

Buena surte no me quejo
De haber cumplido ya cuarenta y tantos
Y aunque no me siento nada viejo
Se me notan las arrugas de los años.

Me dejo llevar por mi voluntad.
Que me ayuda siempre y me lleva a todas partes.
Para qué sufrir, para qué llorar
Si me queda un mundo todavía por delante.

Amanece día primero y mi mujer me prepara el baño
Esta noche no me va a vencer el sueño
Porque me voy a festejar el nuevo año.
¿Ustedes no?

Año nuevo, nuevo año.
La vida no se detiene.
El sol sigue alumbrando.

Año nuevo, nuevo año...

Barca a la deriva

Cuando amanece sin ti no es como tenerte cerca
Nada es igual, nada me interesa
No hay luna no hay sol, luceros ni estrellas.
Y hasta el aire que respiro siento que me quema.

Cuando amanece sin ti la vida me parece poco.
Porque sin tu calor, porque sin tu amor yo me vuelvo loco.
Quiero oír tu voz, tener tus miradas.

Porque sin tu amor la vida no es nada
Porque sin tu amor la vida no es nada

Mi vida es sin ti una barca a la deriva (bis)
Coge una pistola y mátame-pon!
Para qué quiero la vida
La vida
Tanto amor que yo le di mira cómo se le olvida, mira.
Mi vida es sin ti una barca a la deriva
Tanto tiempo sin su amor de esta forma no hay quien viva.
Mi vida es sin ti una barca a la deriva
Y si no vas a volver a mi, no me lo digas, no.
Mi vida es sin ti una barca a la deriva
Pero qué mira, pero qué mira, que mi vida es sin tu amor.
Una barca a la deriva
Eso a mi no se me olvida
Una barca a la deriva
Tanto amor que yo le di, oye
Una barca a la deriva.
Por eso ven a mí, pero ven enseguida.
Una barca a la deriva.
Y si no vas a volver a mi, no me lo digas, no me lo diga,
No me lo digas.

Canten

De qué le sirve al cantor
Que tenga cuatro canciones
Si no sabe dónde pone la voluntad
Otros que creen que el dinero
Viene siendo lo primero
Y escriben cosas que a mi no me dicen na.
Sin embargo los que son
Brillantes como la Luna
No hay quien les ofrezca ninguna oportunidad
Qué cantidad de poetas
Se le llenan las gavetas
De cosas interesantes que son verdad.

Yo mantengo aquel refrán

Que en Cuba se usa bastante
No van lejos los de adelante, si los de atrás se van
Y mientras me gane el pan
Con el sudor de mi frente, un día seguramente
Me escucharan, me entenderán, me buscaran.

Canten, conmigo canten.
Hagamos una canción que se levante.
Que canten todos.

Que nadie se haga la idea
Que van lejos los de adelante
Deja que el que venga atrás, le den un chance y tú verás.
El que quiera unirse al coro
Que lo haga en el instante
Y ayuden a la canción que se levante.

Vamos a montarnos todos en esa guagua gigante
Tarareando una canción que todo el mundo la cante,
pero que canten.

Canten, conmigo canten...
Hagamos una canción que se levante.
Que todos canten.

Querido amor

Amor, querido amor.
Solo te pido que mantengas la confianza en mi
Yo estoy pensando en ti
Y no te aparto ni un minuto de mi alma
Yo sé que para ti
Es muy difícil soportar esa distancia.
Amor, divino amor
Esto que siento no lo cambiaria por nada
Puedes confiar, confiar en mí
Porque yo sé que tú también me haces falta.

Ayer pensando en ti
Estuve a punto de salir por la ventana, sí
Porque yo estoy también

Sufriendo mucho la crueldad de la distancia
Es más ayer soñé
Que había salido a buscarte y tú no estabas
Amor y al despertar
Sentí en mis ojos que corría una lágrima
Que triste fue el sueño aquel
Aunque yo estoy seguro, de que tú me amas
Que triste fue el sueño aquel
Aunque yo estoy seguro, de que tú me amas

Como nunca nadie

Aunque no me creas, si me lo propongo lograré olvidarte,
Porque en fin de cuentas no soy tan cobarde
Y termino toda una de estas tardes
No era difícil buscar algún sitio donde refugiarme
Donde nunca más vuelvas a encontrarme
Y después llegues a mí, demasiado tarde.

Déjame ayudarte, para que conozca la segunda parte
De este corazón que de tanto amarte
Se ha quedado en venas, ya no tiene carnes.

Déjame enseñarte, que es este momento
Lo mas importante, en este jardín, es la flor que nace que si no riera el amor, lo demás no vale.

Si pudiera ser un Dios, para que entre tú y yo
No hubiera contrastes
Para que el dolor no formara parte
De ninguno de los dos, de hoy en adelante.

Guitarra Mia

Que agradecido estoy guitarra mia
Tanto que voy hacerte y regalarte mi mejor canción

El hombre que te hizo no sabia
Que al ponerte en mis manos
Me iba hacer tanto favor
Porque tú que conoces mis penas
Tú que siempre me llevas
Ese espacio que habita el dolor
Y que alejas de toda amargura
Cuando te pido ayuda nunca dices que no
Cada vez que me acerco a tu lado
Pienso en las cosas buenas que me has hecho sentir.

Cuantas noches conmigo has pasado
En las que casi siempre no te dejo dormir
Porque en ti siempre busco alivio
De mis sueños perdidos
De mis horas de angustia y dolor
Cada vez que te tengo en mis manos
Tanto es lo que te amo que te hice esta canción
Que agradecido estoy guitarra mia.

La última canción

La última canción que se ocurra debe ser
Creo que debe ser romántica
Una canción sentimental que lleve tanto amor
Que bañe el corazón de lágrimas
El último minuto de mi vida debe ser
Creo que debe ser romántico
Donde pueda decir la única verdad
De amor, de desamor y desengaños.

El último rincón donde me esconda debe ser
Creo que debe ser amargo
Un lugar bien oculto, donde pueda hasta llorar
Que nadie sepa de mi llanto.
El único futuro de mi vida debe ser
Creo que debe ser extraño
No creo que la suerte, ahora me venga a sonreír
Después de haber vivido tantos años.

No soy de los que creo fácilmente al despertar
Que el día pueda ser exacto
Hay días para mí, que me entretengo nada más
Mirando los colores de mí cuarto
Por eso en el último minuto intentare
Hacer mi corazón elástico
Me quedan todavía muchas cosas por saber
Por eso lucharé hasta el cansancio.

Aunque el último rincón donde me esconda debe ser
Creo que debe ser amargo
Un lugar bien oculto, donde pueda hasta llorar
Que nadie sepa de mi llanto
El único futuro de mi vida debe ser
Creo que debe ser extraño
No creo que la vida ahora me venga a sonreír
Después de haber vivido tantos años
El último minuto de mi vida debe ser romántico.

Estas dos ultimas obras, como hemos dicho anteriormente están muy influidas por ese gran cantante de la canción italiana que es, Nicola Di Bari. Sin dudas que Di Bari marco profundamente a Polo y que tienen que haber sido muchas las oportunidades en que nuestro compatriota lo escuchara.

La inspiradora de ´´Flor Pálida´´, **Ady García**, su compañera en la vida desde 1999 hasta el momento en que la muerte le arrebató al mundo el talento del Guajiro Natural en 2002.

Flor pálida

(Género bachata)

Hallé una flor un día en el camino
Que apareció archita y deshojada
Ya casi pálida ahogada en un suspiro
Me la lleve a mi jardín para cuidarla
Aquella flor de pétalos dormidos
A la vez cuido hoy con toda el alma
Recuperó el color que había perdido
Porque encontró un cuidador que la regara.

Le fui poniendo un poquito de amor
La fui abrigando en mi alma
Y en el invierno le daba calor para que no se dañara
De aquella flor hoy el dueño soy yo

Y he prometido cuidar
Para que nadie le robe el color,
Para que nunca se vaya.

De aquella flor surgieron tantas cosas
Nació el amor que ya se había perdido
Y con la luz del sol se fue la sombra
Y con la sombra la distancia y el olvido.

Se repite
Le fui poniendo un poquito de amor
La fui abrigando en mi alma
Y en el invierno le daba calor para que no se dañara
De aquella flor hoy el dueño soy yo
Y he prometido cuidarla
Para que siempre esté cerca de mí,
Para que nuca se vaya.

Si pudiera decirlo

Si yo pudiera decirte todas las ganas que tengo
De estar a solas contigo, si me dieras el momento
Podríamos juntos echar a volar
Hasta algún rincón del cielo
Y ahí cerquita de días poder amarnos los dos
Hasta vencer el deseo.

Si yo pudiera decirte que cada vez que me entero
Que has preguntado por mi me vuelvo loco,
Me enfermo y me dan ganas de echar a volar
Volar surcando ese cielo
Hasta llegar junto a ti en ese día que al fin
Lleguemos a conocernos.

Si yo pudiera decirte que por las noches no duermo
Pensando en cómo te voy a encontrar
Que si mañana te veo
Pero si es imposible si al final ya no nos vemos
Dime que vas a escuchar la canción

Que te dejé de recuerdo.

Con o sin ella

Yo sabia que despues de tantos años iba a renacer aquel amor de nuevo,
un amor que a mi me hizo tanto daño
y a pesar de todo yo lo quiero
todavía están en mi aquellos besos que me dio un día domingo en la mañana
al decirme aquel adiós sin regreso
y ahora viene a repetirme que me ama
yo no lo voy a creer y es por eso
porque se burló de mi, porque fue muy falsa.

(Coro) Con ella no puedo estar, pero sin ella me muero
Con ella no puedo estar, pero sin ella me muero

Suave y Divina

Brilla en mi alma como un lucero
Y lentamente se va metiendo entre mi cuerpo,
Suave y divina entra en mi pecho
Me abre el corazón
Y le deja el calor tibio de un beso.

Vive como una palomita blanca
Vuela libre y yo
Siento como lo va abarcando todo en mi interior
Tanta ternura que no puede ser posible
Que pueda haber un hombre más feliz que yo
Y en las mañanas cuando yo tengo que irme
Ella sale a despedirme con un beso de amor.

Vive como una palomita blanca, vuela libre y yo
Siento cómo lo va abarcando todo en mi interior

Tanta ternura que no puede ser posible
Que pueda haber un hombre más feliz que yo
Y en las mañanas cuando yo tengo que irme ella sale a despedirme con un beso de amor.

Babalao

Voy hacer un ritmo nuevo
que está un poco chistoso
que habla de los envidiosos que tanto me maldijeran,
como que ellos no pudieron
quisieron desbaratarme y tuve que prepararme para enfrentarme con ellos.

En la casa me encontré cuatro tapitas de cocos
Quisieron volverme loco pero les salió al revés
Cuando chocó con mi aché teniendo esto se diera
Y los que me maldijeran los tengo ahora en mis pies.

(Coro) Tú ten cuidado que yo tengo mi babalao.

Apariencia

Me puse a mirar ayer parado en la carretera
A una mujer delgadita de piel bastante trigueña
Y como yo no sabía si era casada o soltera
No quise ni preguntarle para que no se ofendiera,
Pero resulta que dice Andrés que de la niña amada
él la encontró mil veces parada en la carretera
que va para cualquier parte,
que se diga a cualquiera que es igualita a la araña
que en las paredes se pega
que donde tira su red le saca el peso a cualquiera.

(Coro) Me extraña que siendo araña se caiga de la pared.
Me extraña que siendo araña se caiga de la pared.

Le zumba el mango

Ayer para recordar me puse a pensar un rato
me llegaron recuerdos de diferentes tamaños
después que tanto pensé, me vi tan emocionado
que recordando el ayer volví de nuevo al pasado.
Recuerdo que en mi niñez un día llegamos
a una fiesta que ofrecieron en el barrio
con unos zapatos viejos hasta la mitad del fango
pasamos toda la noche con una lata bailando.

Que gozadera se formo, le zumba el mango (bis)

Desde Abajo

Entre el espacio que marca la muerte
y lo poco que dura la vida
paso el tiempo jugando a la suerte
esperando ganar algún día
y los años que tengo de más
me llevaron tan aprisa
a quedarme en silencio
en el justo momento
que tendra que llegar
con la nueva experiencia que tengo
de las tantas batallas perdidas
me alimento yo mismo y mantengo
el afán de encontrar la salida.

Como el ave que quiere volar
y quedarse allá arriba,
en el azul del cielo
y mirar desde lejos
lo que ha quedado atrás.

Estribillo:
Y cuando esté en el cielo
cuando ya esté en la cima
voy a luchar para eso

para mantenerme arriba
y a pesar de los años
de las horas perdidas
comenzare de nuevo
empezare otra vida.

Por el bien de los ojos

Trataré en los años que venga
encontrar una buena razón
para que si algún día regresa
cerrarle la puerta y decirle que no.
Buscaré donde quiera que sea
un porqué para mi corazón
le diré que no vale la pena
que aquello no existe que ya terminó
y después cuando él me comprenda
sentirá que aquella decisión
no la hice con malas ideas
lo hice pensando en el bien de los dos.

Pensaré en las cosas más bellas
lucharé por un mundo mejor
y abriremos de nuevo la puerta
si un día se acerca una nueva ilusión.

Run Run

Ya me sacaron por televisión
y hay un run run
hay un run run
un lequeleque y un yo no sé
que si hay alguien que le caigo mal
otros que quieren volverme a escuchar
y yo no sé de qué, de qué
y otros que quieren volverme a ver.

El día que vuelva a salir,
vamos a ver, vamos a ver
a ver quien dice qué dice quien
que si no tengo popularidad
que es por eso que me sale mal
y un ble, ble, ble y un bla, bla ,bla
y otros que si que me queda bien
y en ese momento
cuando me inspiro
con esa voz de guajiro que viene
de monte adentro.

(Coro) Claro que si, muchacho, que eso se pega.

Noche feliz

Aquella noche serena
la fiesta se terminó
y yo salí con mis penas
pero eran penas de amor.
El hombre que a ti te amaba
aquella noche era yo
habiendo otros que estaban
por ti muriendo de amor.

Y yo seguía esperando
y tú te ibas de mi
y un día no sé ni cuando
te pude decir al fin.

Te quiero tanto mi amor
sin ti no puedo vivir
porque es muy grande el dolor
que hay en mí.

Dime si puedo esperar
de ti una frase de amor
y ya cansado de hablar
decías no.

Y yo seguía esperando
mirando el tiempo pasar
contigo siempre soñando
al fin te pude encontrar.

Y ahora que yo te quiero
y tú me quieres igual
mirando la luz del cielo
vuelvo de nuevo a cantar.

Puras mentiras

Cada vez que me dices que de veras me amas
que me sigues deseando que estas loca por mi
se te ve la mentira reflejada en la cara
y cualquiera adivina lo que vas a decir.

Cada ves que me dices que estás enamorada
pudiera ser posible si no fueras asi
pero yo no te creo ni una palabra
porque estoy convencido que lo tuyo es mentir.

Cuando llegue ese día que en verdad te haga falta
Necesitar de alguien que te haga feliz
Vas a ver cómo todos te viraran la cara
Y el que más te conozca se esconderá de ti.

Yo te di mi cariño, te di toda mi alma
Me la arranque del pecho y la puse ante ti
Pero tú como siempre de una forma malvada
Me le diste una vuelta y al final la perdí. (bis)

Son mentiras lo tuyo si son mentiras. (bis)

Gente Loca

La gente está loca
Loca de la cosa
De la cosa mia, la cosa tuya, la cosa de la gente.

La gente anda loca por ahi
todo el mundo se alborota
cuando vean lo que traigo aquí
verán que se vuelven loca

Todas las chicas preguntaran
Cuando es que Polo toca
Porque mi música
Les cae bien
Mi música las vuelve loca.

Esto no es el mambo fine
esta sí que choca
si tu quieres probarlo
y veras que te alborota.

Muévete en poquito más
Tararéala con la boca
Pégate un poquito a mí
Y veras cómo te toca
Muévete un poquito
Y ya veras
Veras que te sofocas
Vamos pa la oscuridad
A formar el toca-toca.

El Rincón de mis Ansias

Lo que me inspira hacer esta canción
es una sensación que yo ni imaginaba
que como un rayo penetra en mi interior
la fuerza de un amor

que me atraviesa el alma.

Una pasión que llega al corazón
enamorándolo como yo no esperaba
y creo que se despertó otra vez
el rincón de mis ansias.

Apareció de pronto una mujer
dulce como la miel
suave como la espuma
que con un beso lleno de pasión
revivió la ilusión donde no había ninguna.

No puede mas y en el momento aquel
me pellizqué la piel para ver si soñaba
y era verdad estaba frente a mi
mientras me besaba.

Le pregunté al corazón
y el me contestó que está loco por ella.

Y yo que no puedo aguantar
ni un momento no más el deseo de verla
ya se me metió en la piel
esa linda mujer
desde la noche aquella
no pude más y en el momento aquel
me pellizqué la piel para ver si soñaba
y era verdad estaba frente a mi
mientras que la besaba.

Bibliografía

Orovio, Helio. Diccionario de la Música Cubana. Editorial Letras Cubanas, Ciudad de la Habana, 1992.
Diaz Martinez, Fernando. Polo Montañez. Editorial Letras Cubanas. Habana, 2004.
Giro, Radamés. Diccionario Enciclopédico de la Música en Cuba, editorial Letras Cubanas, 2007.
Marín Robin y Barzaga Thaimi. Juventud rebelde del 27.11.2002.
Alonso, Maylin. Periódico Granma del 19.1.02.
Diaz, Teresa. Agencia de Información nacional.
Suarez Ramos, Ronal. Periódico Granma del 28.11.02.
Gonzalez Almora, Carlos y Castillo Gonzalez, Pedro. Polo Montañez, una obra por estudiar. Cubadebate.
De la Hoz, Pedro. Periódico Granma. Articulo "Se nos ha ido Polo Montañez".
La agencia de prensa (DPA). Corresponsalía en Ciudad de la Habana, 2003.
Diario Mexicano "El Universal", de fecha 16 de julio de 2004.
El periódico Tiempo.com Sección Cultura y entretenimiento. Fecha de publicación, 2 de agosto de 2001. Referencia: http://www.prensaescrita.com/adiario.php?codigo=AME&pagina=http://www.eltiempo.com.
Morales Valentín, Emilio. El Universal. Distrito Federal de México. Lunes 22 de octubre de 2001.
POLO MONTANEZ, 5 June 1955 - 26 November 2002. Virtual Womex.
Arreola, Gerardo. Corresponsal del diario mexicano La Jornada. Ciudad de la Haban, 22 de noviembre de 2002.
Periódico Vanguardia Liberal de Bucaramanga, de Colombia, agosto de 2001.
Gutiérrez Monroy, Juan Carlos. Revista Candela, Ritmo y Sabor.
Labesse, Patrik. Polo Montañez, cantante popular cubano. Periódico "Le Monde", Paris, noviembre de 2002.
Ramírez Palacios-Marisol. Cafeamargo Consalvia. Editorial Pablo de la Torriente. Ciudad de la Habana.
Documental de la agencia Lusáfrica de 2003.

Contraportada.

Nació en San Fernando de Camarones, Provincia de Cienfuegos, Cuba, el 12 de noviembre de 1936. Master en Historia del Arte. Graduado de Doctor en Ciencias Históricas. Diplomático y escritor. Ha publicado diversas obras sobre renombrados músicos cubanos y sobre diferentes personalidades africanas e importantes acontecimientos históricos de dicho continente, en la Editorial Académica Española.

Printed by Books on Demand GmbH, Norderstedt / Germany